35
ANOS

CB019807

PILAR DEL RÍO

A intuição da ilha

Os dias de José Saramago em Lanzarote

Tradução
Sérgio Machado Letria

COMPANHIA DAS LETRAS

Grafia atualizada segundo o Acordo Ortográfico da Língua Portuguesa de 1990, que entrou em vigor no Brasil em 2009.

Título original
La intuición de la isla: Los días de José Saramago en Lanzarote

Capa
Raul Loureiro

Foto de capa
Sebastião Salgado/ Amazonas Images

Ilustrações de miolo
Juan José Cuadrado

Caderno de fotos
Fundação José Saramago
exceto pp. 6-7: stills do filme *José e Pilar*, de Miguel Gonçalves Mendes
e direção de fotografia de Daniel Neves

Preparação
Silvia Massimini Felix

Revisão
Clara Diament
Aminah Haman

Dados Internacionais de Catalogação na Publicação (CIP)
(Câmara Brasileira do Livro, SP, Brasil)

Río, Pilar del
    A intuição da ilha : Os dias de José Saramago em Lanzarote /
Pilar del Río ; [ilustrações Juan José Cuadrado] ; tradução Sérgio
Machado Letria. — 1ª ed. — São Paulo : Companhia das Letras, 2022.

    Título original : La intuición de la isla : Los días de José Sara-
mago en Lanzarote.
    ISBN 978-65-5921-109-8

    1. Escritores portugueses – Biografia 2. Saramago, José, 1922-
-2010 – Crítica e interpretação I. José Cuadrado, Juan. II. Título.

22-115800   CDD-928.69

Índice para catálogo sistemático:
1. Escritores portugueses : Biografia 928.69
Eliete Marques da Silva – Bibliotecária – CRB-8/9380

[2022]
Todos os direitos desta edição reservados à
EDITORA SCHWARCZ S.A.
Rua Bandeira Paulista, 702, cj. 32
04532-002 — São Paulo — SP
Telefone: (11) 3707-3500
www.companhiadasletras.com.br
www.blogdacompanhia.com.br
facebook.com/companhiadasletras
instagram.com/companhiadasletras
twitter.com/cialetras

Sumário

Àqueles que trabalham n'A Casa: elas e eles dão continui-
dade a José Saramago e, com sua dedicação, tornam o
mundo mais sólido.

Prólogo

A maioria dos nossos instantes são instantes de prefácio.

Emily Dickinson

Viver numa ilha é um ato de fé. Aprende-se a prescindir, a apreciar o suficiente, esfumam-se o acessório e o acidental. As ilhas oferecem cachos de tempo, adestram em paciência e renúncias, acostumam-nos a entendermo-nos com a incerteza, afastam a palavra da dilapidação. Lanzarote foi uma epifania para Saramago, o umbral que atravessou, cruzando o Atlântico, para inaugurar sua segunda existência, em simbiose com Pilar del Río, que conhecera seis anos antes. Esse "português de Lanzarote", como se referiu a si mesmo em seus diários, chegou à ilha mais oriental das Canárias em 1992, deslocado pela ofensa da censura e pela casualidade do azar. Apesar do mal-estar originário e do incômodo, sua grande mudança não lhe provocou pesar, pelo contrário, considerava-a "uma das decisões mais sensatas" que havia tomado (1995). A alma essencial da ilha e a elegância austera de suas terras comoveram-no e cativaram-no desde o início: "Paixão é evidentemente uma palavra exagerada, mas foi isso que senti [por Lanzarote]. E as circunstâncias quiseram que viéssemos para aqui. [...] Hoje creio que foi uma das melhores coisas que sucederam na minha vida. Porque esta ilha, para além das belezas naturais, permite que se viva bem" (1998).

A serenidade, a soberania, o tempo calmo e a estabilidade do amor com que sua residência de além-mar o brindou fertilizaram o húmus de vida boa que cresceu ao seu redor para proteger a felicidade e libertar de caruma o ambiente da escrita: "[...] em Lanzarote, cada novo dia me aparece como um imenso espaço em branco e o tempo como um caminho que por ele vai discorrendo lentamente [...]" (1993).

O contato com a soberba natureza insular acrescentou a sensação de privilégio e bem-estar, afastado, em seu refúgio caseiro, de intrigas urbanas, tranquilo, embora sempre sujeito a um palpitante ir e vir pelo mundo. O contexto mostrava-se favorável para construir a partir do interior — pessoal e da palavra —, para penetrar em si mesmo e limitar a necessidade, apesar de sentir a ilha como uma "tentação em todas as horas", seduzido por seu feitiço visual.

Essa afinidade caracteriza uma vertente substantiva de sua vinculação ao lugar que decidiu partilhar com Pilar del Río para cimentar sua convivência. No vinco brilhante de Lanzarote, Saramago restaurou o laço sensível da infância com o patrimônio natural e, inopinadamente, experimentou um pródigo tempo recuperado: "Um súbito pensamento: será Lanzarote, nesta altura da vida, a Azinhaga recuperada?" (1993).

Gertrude Stein, a madrinha e mecenas das vanguardas artísticas, escreveu: "Os Estados Unidos são meu país, mas Paris é meu lar", uma declaração que, à luz de seu caso, Saramago poderia ter assinado. Por vontade própria, converteu a ilha de César Manrique em lugar e terra sua: "Minha casa é Lanzarote", concluiu, sem hesitações, em 1998. A ilha-casa iluminou seus dias, uma espécie de paraíso fortuito que o labiríntico destino lhe reservara, aos seus setenta anos, no estratégico interstício sul de seu mapa transibérico: "Penso: 'Uma vida inteira para chegar aqui'. Mas aqui estou" (1993). Se olharmos bem, em sua ancoragem emerge o padrão de um simbolismo esclarecedor: a sinédoque de Lanzarote como eixo tricontinental da bacia cultural atlântica, cuja energia e pertinência reivindicou com imaginação e afinco. Sua deriva física descentrada parecia ter implícita a advertência de uma atitude perseverante, de uma convicção firme, materializada a partir de 1992: dirigir-se para o Sul, valorizar o Sul, ser o Sul. A viagem de ficção começada em 1996 com *A jangada de pedra* encontrava continuação objetiva em seu movimento austral.

O destino, "que não conhece linhas retas", encarnou-se em Pilar del Río e a fortuna tomou corpo numa mulher e numa ilha que afloraram um impensado modo de viver, de ressurgir, entre lava, areia e cinzas: "Uma relação que talvez eu estivesse esperando a vida toda; quer dizer, um lugar, a terra queimada, como se fosse o princípio do mundo ou o final desses dois extremos: isto, quem sabe, é o que sempre quis ter para mim [...]" (1995).

Saramago pensava que Lanzarote era "um lugar muito sério". O ar metafísico insular, a vibração telúrica, o tenaz silêncio da noite e do meio-dia, o chicote purificador dos alísios e a matéria genuína, lacônica, desidratada da terra vulcânica alimentaram a marca de sua escrita, contribuíram para imprimir um renovado ajuste mineral, mais austero, tanto na forma como em suas preocupações: "[Lanzarote] tem uma beleza de outra natureza, uma beleza áspera, dura... aqueles basaltos, aqueles barrancos... Às vezes tenho pensado que se eu tivesse procurado uma paisagem que correspondesse a uma necessidade interior minha, creio que essa paisagem seria Lanzarote" (1998). Temperou, como efeito, seu estilo barroco efusivo e serpenteante, filtrou e aprofundou-o, a coração aberto, na condição individual, mas também coletiva, de nossa desamparada espécie: o que é isso de ser humano, que significa estar aqui, que fazemos em nosso mundo, como vivemos... Interiorizaria, pois, uma paisagem primordial, severa, que se emparelhou com sua alma e acabou por permeabilizar sua obra, inaugurando, a partir de *Ensaio sobre a cegueira* (1995), uma nova "fase literária", que denominaria metaforicamente de etapa da "pedra". De mãos dadas com uma expressão matizada, distancia-se das relações entre ficção e história para se ancorar no presente e se concentrar na leitura da realidade desviada.

Entretanto, progressivamente, amplia sua intervenção na esfera pública como intelectual de alcance global, situado em seu tempo, imiscuído no ritmo do momento civil contemporâneo. Ergue-se assim como um referente *engagé*, um escritor que projeta sua robusta figura sem limitar sua condição cidadã, enquanto reclama com veemência um sentido geral de dignidade e compaixão, de respeito e solidariedade.

Incomodado com o "espetáculo do mundo", em Lanzarote iniciou uma obra de indagação essencial, empreendeu uma busca ontológica com base numa razão cega e numa pulsão moral que identificava o ser humano como prioridade absoluta. A perturbadora preocupação pelo fundo de nossa substância e os atributos de nossos comportamentos conduziu-o a "penetrar mais profundamente na pedra obscura do ser", para construir um romance entendido como ferramenta de conhecimento e de "meditação sobre o erro". Literatura de orfandade, que fixa suas raízes no grande relato humanista. De forma que, a partir da ilha, aos ombros do pensamento, da ironia cética, do compromisso ativo e da deliberação pública, elaborou e comunicou um copioso e variado tecido narrativo, ético e reflexivo, uma obra de amplo alento e ambição, não apenas nos argumentos, mas também na aspiração a cimentar um romance total.

"Regresso a Lanzarote. A impressão, intensíssima, de estar a voltar a casa", anotou em seus diários (1993). Começava cedo a reconhecer-se no território presente. A senti-lo, a habitá-lo. Talvez porque o afastamento do arquipélago canário consolidava, assim mesmo, uma nova ordem na vida sentimental e na prática material do escritor. A renovada paisagem física que se acomodou em sua percepção diária encontraria correlato analógico numa recém--estreada paisagem interior, cujo eixo de rotação repousava sobre sua mulher, Pilar del Río: "A Pilar, até ao último instante" (*O homem duplicado*, 2002), "A Pilar, todos os dias" (*Ensaio sobre a lucidez*, 2004), "A Pilar, minha casa" (*As intermitências da morte*, 2005), "A Pilar, que não deixou que eu morresse" (*A viagem do elefante*, 2008), "A Pilar, como se dissesse água" (*Caim*, 2009)… A benévola e tônica luz insular incidia sobre uma luz emocional em processo de construção que determinaria um desconhecido modo de viver: "Lanzarote é assim: ou tudo ou nada" (1994).

"Preparo as gemas de ovos para as tartes… e coso os calcanhares das meias. Cozinhei os pêssegos como você me disse e as metades incharam e ficaram bonitas. Tinham um gosto absolutamente mágico." Emily Dickinson compaginava, em suas cartas, deliciosas anotações sobre suas tarefas domésticas com delicadas e penetrantes observações sobre a poesia. Em *A intuição da ilha*, Pilar del Río dá forma cintilante à épica cotidiana de Saramago em Lanzarote, enquanto compõe um hino à cultura da hospitalidade praticada em sua casa, onde o partilhar se cinzelou com os caracteres de uma lei. O leitor recebe um livro sutil, primoroso, configurado como um cofre em cujo interior se desdobra uma interface de encontros e literatura, de naturalidade e pensamento social, de afetos e relações de cooperação e amizade, de trabalho, valores, sensibilidade e episódios domésticos. Não é outra coisa senão a vida comum em sua versão de grandeza ou, se se prefere, a normalização do extraordinário, para devolvê-lo ainda mais inusual.

Assim sucedia em Tías, povoação que acolheu o Nobel, onde o acontecer insólito, incomum, se confundia com a alternância mecânica do dia e da noite, pela força do hábito e da simplicidade. Pilar del Río narra o mito como se abordasse uma crônica do habitual, como se a realidade d'*A Casa*, o farol que manufaturou e partilhou com Saramago, onde o escritor voltou a nascer e onde eclodiu um mundo poliédrico de ressonância global, apenas tivesse alimentado a azáfama indistinta de qualquer domicílio, e não o signo de um milagre, a manifestação de um privilégio.

A Casa de Lanzarote estabeleceu-se como lugar de encontro e conversa, de abrigo e alegria, de esclarecimento e amizade, de consciência, participação e solidariedade. Um lugar com alma, em definitivo, de janelas abertas, compêndio de generosidade, oferecido ao mundo, que a cada dia entrava e saía por sua porta revestido de diversidade e polifonia. "As casas onde não há generosidade são casas mortas", desabafou uma vez Pilar del Río, e dessa extinção afastaram-se Pilar e José com vocação diligente e militante, como poderá ler-se nestas insubstituíveis páginas. Sua residência familiar foi uma festa da palavra, da conversa sem confinamentos, favorecida pelo caráter propício das ilhas para o intercâmbio, como ilustrou o autor de *Ensaio sobre a cegueira* em seus diários: "Uma ilha, mesmo não sendo deserta, é um bom sítio para falar, é como se estivesse a dizer-nos: 'Não há mais mundo, aproveitem antes que este resto se acabe'" (1995).

Nos capítulos de *A intuição da ilha* contam-se, com frescor, agasalho verbal e empatia afetiva, os sabores, ingredientes e texturas sensoriais de um mundo habitual, efusivo e prolífico. E percorrem-se também as narrações que Saramago deu à luz no último ciclo de sua vida, uma contribuição que fornece estimáveis detalhes sobre a origem e as circunstâncias que intervieram em sua concretização. A autora — sem dúvida, o ponto de vista mais legítimo e competente para alinhavar este relato — detalha um mosaico de fragmentos complementares que remetem para um todo partilhado, um imaginário completo cuja gramática e atributos revelam a importância de uma fascinante arquitetura do dia a dia doméstico. Sequência após sequência, à maneira de planos cinematográficos encadeados, Pilar del Río honra e dá conta das emoções que sustentam, protegem e fundamentam os episódios e as coisas d'*A Casa*, convertidas em presenças, em seres sujeitos ao estatuto da biografia porque respondem a um destino compartido, fundamentado na lógica do amor, da convivência e do projeto comum. Seu "testemunho real" traz uma forma de organização biográfica, um conjunto de acontecimentos e práticas, valores e comparecimentos que geram contexto, identidade significativa.

No levantamento topográfico sentimental que sustenta este relato privilegiado, aprecia-se uma pátria plena de livros e criação literária, mas, acima de qualquer suspeita, o pulso existencial irrompe, com clareza, no meio de tudo, atravessa a hierarquia da literatura e a celebridade. Seu ritmo modela a respiração do habitual e do inusitado, impregna o movimento das rotinas diárias, por singulares e avassaladoras que estas fossem. E eram-no. Uma autêntica embaixada cultural instalou-se na casa de José Saramago e Pilar del Río, em Lanzarote, repleta tanto de interações sociais como de imaginação criadora, pensamento político-social e cidadania preocupada com o bem comum. Para calibrar sua dimensão, basta ler *A intuição da ilha*.

A autora destas páginas presta tributo ao fluxo da vida através de evidências expressas, do concurso entre os âmbitos domésticos e a revelação ponderada da privacidade. A abertura iniciou-se com a conversão de sua casa em Casa-Museu (2011) e completa-se agora com esta publicação. Um processo de construção de memória fecundo, encorajador, que desvenda laços vitais, constrói uma identidade ligada a uma paisagem e a um ambiente próprio altamente conotado, respeita com benevolência os nomes dos companheiros de viagem, mostra objetos impregnados de forte poder alusivo e recria ambientes precisos, com forte carga semântica. Para tornar tangível a atmosfera da intra-história contribui a prosa fresca, plástica e eficiente de Pilar del Río, sempre quente e faiscante, plena de inteligência emocional, talento e sensibilidade. A presença e a ausência de quem viveu na casa e na ilha equilibram-se no precioso documento que nos é entregue, inestimável, sem dúvida, para os que se consagram ao fetichismo dos espaços preservados pelas defesas da privacidade, mas, em particular, para quem se interessa pelas características idiossincráticas das casas e pela personalidade mais resguardada dos grandes criadores.

Atendendo ao propósito manifesto de sua autora, *A intuição da ilha* apresenta-se como um "livro para amigos", um inspirador argumento para, uma vez mais, partilhar e celebrar os bens da memória. Mas o que é certo é que seu alcance ultrapassa e muito essa vontade: modela o mito d'*A Casa* em Lanzarote, abre canais variados na esfera privada e configura um mapa de evocações e informação que tornam tangível um verdadeiro patrimônio imaterial da subjetividade saramaguiana, valores que, sem dúvida, auguram sua continuidade como uma valiosa referência sociológico-literária.

Na realidade, *A intuição da ilha* encontra sua plena dimensão na perspectiva do memorial, até quando a narradora se submete voluntariamente a uma explícita elipse, um descarte que elimina do relato a autêntica coprotagonista da história referida. Essa volatilização, que, com desprendimento, contorna a autorreferencialidade, priva a crônica de um personagem central, sem cuja presença, bombeando o fluxo sanguíneo d'*A Casa*, nem o firmamento que se desenha nem o universo performativo mostrado teriam adquirido sua forma definitiva: Pilar del Río, capaz de criar, entre ventos fortes e aguaceiros, um refúgio protetor a céu aberto. Pilar tecia redes infinitas de afinidades e encontros. Pilar del Río lubrificava todas as manhãs os mecanismos, as engrenagens e as turbinas d'*A Casa* e do mundo, aqueles que, com o sol à espreita, começavam a agitar-se ou a refazer-se sob seu impulso. Pilar limpava as válvulas do amanhecer para que Saramago respirasse contornando seu ceticismo e suturasse palavras e fantasia, também para que as águas dos rios alterassem seu leito e umedecessem os baldios e as gargantas secas dos continentes. Os dias de Saramago em Lanzarote foram os dias de Pilar e José: como uma *matrioska*, tempo de muitos tempos. Tempo de *Todos os nomes* e de bacalhau com todos. Tempo de *Ensaio sobre a lucidez* e de uma cozinha-consulado que acolhia sem tréguas até se confundir, por momentos, com o mais dinâmico departamento das Nações Unidas. Tempo de *A viagem do elefante* e de cuidados incansáveis, criativos, bondosos, quando a doença debilitou, mas não conseguiu abater a determinação de saborear a vida até as últimas gotas. Tempo de *Caim* e de altruísmo perseverante, de amizade e proteções incalculáveis. Tempo, enfim, de tanta naturalidade e exceção que a vida de José Saramago e Pilar del Río em sua casa de Lanzarote convoca, com pertinente vigor, os versos de Roberto Juarroz: "Talvez nos defina,/ como a luz do dia,/ não ter lugar em sítio algum./ Mas também nos define que possamos/ criar um lugar.// E só se encontra algo/ num lugar que se cria./ Até encontrar-se em si mesmo,/ se for possível encontrar-se".

Fernando Gómez Aguilera

Na ilha por vezes habitada

José Saramago

Na ilha por vezes habitada do que somos, há noites, manhãs e madrugadas em que não precisamos de morrer.

Então sabemos tudo do que foi e será.

O mundo aparece explicado definitivamente e entra em nós uma grande serenidade, e dizem-se as palavras que a significam.

Levantamos um punhado de terra e apertamo-la nas mãos. Com doçura.

Aí se contém toda a verdade suportável: o contorno, a verdade e os limites.

Podemos então dizer que somos livres, com a paz e o sorriso de quem se reconhece e viajou à roda do mundo infatigável, porque mordeu a alma até aos ossos dela.

Libertemos devagar a terra onde acontecem milagres como a água, a pedra e a raiz.

Cada um de nós é por enquanto a vida.

Isso nos baste.

De *Provavelmente alegria*

Todo futuro é fabuloso.
Alejo Carpentier

A decisão

E se fôssemos morar em Lanzarote?, lançou uma manhã José Saramago, introduzindo em sua vida pessoal a pergunta que dava origem aos seus livros: E se Fernando Pessoa se encontrasse com seu heterônimo Ricardo Reis no ano de sua morte? E se a península Ibérica se desprendesse da Europa e navegasse para o Sul? E se Jesus Cristo não fosse Deus nem apoiasse seu projeto? E se todos ficássemos cegos? Então, com a mesma dedicação que empregava quando escrevia para responder a essas perguntas, começou a preparar a viagem para a ilha. Uns meses mais tarde, José Saramago tinha levantado sua casa em Lanzarote e, instalado diante do mar e rodeado de lava, assumia a tarefa de escrever *Ensaio sobre a cegueira*. Soube então, ainda que sem palavras, que havia passado o tempo da estátua, era a hora de descrever a pedra de que se fazem as estátuas, e uma ilha vulcânica que reproduz o início do mundo erigia-se na paisagem que vinha intuindo e de que necessitava. Assim, Lanzarote converteu-se na realidade soberana que moldaria um estilo de vida e um percurso literário. Foi uma etapa escolhida e fecunda, partilhada sempre com os leitores, a quem José Saramago lançou um sinal em 31 de dezembro de 1994: "A noite de Lanzarote é cálida, tranquila. Ninguém mais no mundo quer esta paz?".

A *jangada de pedra*

Em 1986, José Saramago publicou um romance intitulado *A jangada de pedra*. Contou que a ideia desse romance lhe chegou na Galiza, um dia em que viajou a Finisterra para sentir o som do sol caindo no mar, como faziam os soldados romanos naqueles tempos em que a Terra era plana e o mistério, a única explicação. Não ouviu José Saramago esse som, mar e sol continuaram a ver--se de longe, mas uma pedra com uma forma estranha chamou--lhe a atenção e fê-lo pensar que bem poderia ser uma jangada que transportasse pessoas e culturas de um lado ao outro do mar. "Mas a península também poderia ser um barco", recorda ter pensado, "basta que se separe da Europa pelos Pirineus e se ponha a navegar, como foi sua vocação ou seu destino ao longo dos séculos." Assim, com a naturalidade de olhar e ver, nasceu esse romance em que duas mulheres e três homens assistem ao prodígio dos encontros. Portugal e Espanha, ou melhor, a península Ibérica, já que as fronteiras políticas rapidamente ficaram obsoletas, começou a navegar mar adentro na direção de outros, e de tal maneira navegou que as pessoas umas vezes pensaram que ia rumo a África e outras parecia que o destino era a América. No final, a jangada de pedra ficou entre três continentes, Europa, África e América, convertida em ilha-ponte para que o futuro fabuloso pudesse concretizar-se e os seres humanos, viajar e estar sempre em casa. A península fez-se ilha e José Saramago sentiu nela o tremor da viagem e o estremecimento de novos encontros nascidos na liberdade da navegação. Não sabia, quando escrevia esse livro, que poucos anos depois escolheria uma ilha no Atlântico Sul, entre três continentes, para dela fazer sua casa, o lugar onde trabalhar, juntar idiomas, receber amigos, sonhar, ser amado e amar. Não conhecia Lanzarote, mas a ideia de Lanzarote ia ganhando corpo de tal maneira que quando surgiu a pergunta, "E se fôssemos morar em Lanzarote?", a única coisa estranha na frase era a interrogação. Viver em Lanzarote era uma consequência natural de estar vivo e de continuar a navegar.

A polêmica que acelerou o tempo

Em 24 de abril de 1992, José Saramago recebeu em sua casa de Lisboa o jornalista Torcato Sepúlveda, que lhe anunciava a notícia que se publicaria no dia seguinte em seu jornal, o diário *Público*: o governo de Cavaco Silva tinha eliminado um livro de José Saramago escolhido por três instituições culturais para representar a nova literatura portuguesa na Europa. A obra proscrita era *O Evangelho segundo Jesus Cristo*, um romance em que José Saramago reflete sobre a culpa e a responsabilidade a partir do fato fundacional da civilização em que vivemos e na qual nos situamos. Em sede parlamentar, o governo de Cavaco Silva justificou sua decisão com três razões: primeira, o livro ofende os portugueses, que são católicos e não toleram que se questione o dogma; segunda, o autor é um militante comunista e já se sabe que os comunistas não representam seus países; terceira, o livro está mal escrito. Dessa forma, o governo, assumindo funções de juiz inquisitorial e de crítico literário que não lhe correspondiam, pretendeu encerrar uma polêmica política que havia mobilizado escritores e partidos políticos, que gerou debates nos Parlamentos português e europeu e demonstrações de solidariedade de representantes culturais e políticos de outros países. Um deles, o ministro da Cultura francês, Jack Lang, realizou uma inflamada defesa da liberdade de pensamento e de expressão e mostrou sua solidariedade para com o escritor português na França e em Portugal. Foram dias tensos na casa de José Saramago, os telefonemas, as visitas, os pedidos de entrevista sucediam-se uns após outros, o debate não terminava e, a cada vez, os argumentos dos defensores da decisão governamental faziam-se mais obtusos e anacrônicos, como se se reivindicasse um regresso a épocas obscuras em que não existiam Estados laicos nem constituições garantistas. José Saramago sentiu vergonha do cerrar fileiras por parte do governo de seu país com a decisão absurda de um de seus membros. Foi então que expressou por palavras a ideia da ilha: "E se fôssemos morar em Lanzarote?".

Uns meses antes, José Saramago tinha visitado Lanzarote. Conheceu a ilha pela mão de uns cunhados que ali viviam e descobriu o silêncio dos vulcões ao cair da tarde. Regressou pouco depois para se assegurar de que a experiência tinha sido real. Comprovou-o pedra por pedra. Eram reais a praia de Famara e o vulcão del Cuervo, eram reais Timanfaya e Femés, Órzola e os Jameos del Agua, era real o respeito pela ilha que percebeu em seus habitantes, ilha sem água e limpa, austera, cumprida. Era real sua impressão, mas o que bulia em seu interior ainda não tinha vindo à superfície, a ideia de ir morar em Lanzarote surgiu quando entendeu que devia criar distância de um governo que não respeitava os valores de Abril, aquele "dia inicial inteiro e limpo", como o descreveu a poeta Sophia de Mello Breyner, que incorporou Portugal à modernidade. Então, sem mais demoras, ligou ao seu cunhado e nove meses depois a casa de Lanzarote, *A Casa*, estava pronta para ser habitada.

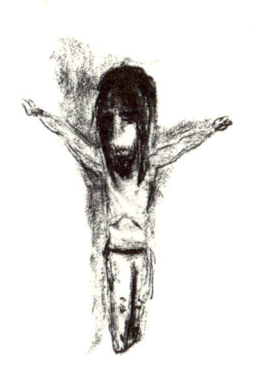

A Casa

José Saramago entrou em sua casa com ansiedade. Durante vários dias conviveu com os trabalhadores que tinham levantado muros, aberto portas e janelas, trazido água por misteriosas canalizações e a luz por cabos invisíveis que nem sempre funcionavam. Cada coisa foi ocupando seu lugar, o pátio era pátio; a galeria, um lugar de comunicação e não um armazém de ferramentas estranhas; a cozinha era o centro da casa em vez de ser a oficina em que um carpinteiro ajustava portas, lixando-as no meio de nuvens de pó e aparas que cheiravam a madeira curada. Antes de esses trabalhadores partirem, José Saramago convocou-os para um almoço de despedida no jardim, batatas *arrugás*, talvez cabrito no forno, uns grãos com sabores milenares, talvez queijos da ilha com molho *picón* ou o menu do restaurante de Tías servido em caldeirões alegres e merecidos. Foi uma despedida bonita, um brinde com os trabalhadores castigados pela crise econômica que naquele momento assolava a ilha e que fez com que muitas pessoas se aproximassem da obra oferecendo-se para engrossar a equipe de trabalho. Algumas ficaram, por isso foi tão rápida a construção da primeira casa a que José Saramago pôde chamar sua. É verdade que a casa era simples, o que se pedira era uma sala para convívio, dois espaços de trabalho, os quartos necessários e uma cozinha-sala de refeições que fosse lugar de encontros, sem nunca separar o cozinhar da necessidade e do prazer de se alimentar. Havia também a promessa de um jardim, um pedregal antigo onde chegaram caminhões de terra fértil capaz de acolher as sementes que mais tarde dariam sombra a esse lugar de Tías que já tinha nome, e nome em português: *A Casa*.

José Saramago sentia-se bem nesse espaço que, sendo novo, se afigurava povoado de recordações, porque cada objeto que se punha ali trazia sua própria memória. O escritor viajava com pouca bagagem, para Lanzarote trouxe seus livros, o computador, algumas peças de barro, dois relógios, várias pinturas de artistas portugueses, uma coleção de canetas e uns cavalos de madeira oferecidos por quem sabia que em criança tinha sofrido com a pena de não poder montar aquele de que seu tio cuidava, proibido para ele. O resto dos utensílios da casa foi chegando cada um com seu motivo, todos estranhos à lógica: era uma amiga que desmontava sua casa e não sabia o que fazer com o que tinha sido sua vida, era outro amigo que mudava de país, eram umas estantes sem arrumação mas com experiência, eram uns aparadores descartados há muito tempo pela mãe de outra amiga, dona Otília, era um quadro tão grande que não encontrava comprador na galeria Lapislázuli e para o qual se construiria uma parede. Em suma, sempre com coisas próximas e sentimentais foi-se mobilando a casa de Tías que então, quando outras ainda não tinham sido construídas ao redor, ficava no final do povoado, na parte alta de um cerro, com vista para o mar e para Fuerteventura. O mar, o céu e Fuerteventura foram durante anos os primeiros olhares do dia, o desejo de uma boa jornada, se possível em companhia.

A Casa é um complexo com duas vivendas. Os cunhados de

José Saramago que o convidaram a visitar a ilha vivem ali, a casa construiu-se numa parcela que tinham e que, perante o inesperado pedido do escritor de se mudar para Lanzarote, decidiram partilhar, planejando dois lugares habitáveis, de dimensões humanas, independentes entre si, mas com uma única porta de entrada e um único jardim. Com o tempo, foi necessário dar espaço aos livros e junto à casa construiu-se outro edifício, a biblioteca que acolheria as horas de trabalho de José Saramago e a possibilidade de, quando havia momentos de descanso, sentado num dos cadeirões de couro negro do centro da sala, olhar à sua volta e distinguir um a um os livros que o tinham acompanhado e os outros que se somaram e que continham e contêm a vida de seus autores. Na biblioteca, José Saramago era feliz. Ouvia música, cruzava as mãos, fechava os olhos, o universo aproximava-se e envolvia-o com a pulsação humana. Os livros de José Saramago cresciam nessas horas que passava na biblioteca, definitivamente acompanhado por páginas de papel que, sabia-o, continham espírito e que o dotavam da força necessária para voltar a começar.

A *Casa* fica em Tías, Lanzarote, e guarda dezoito anos da vida de José Saramago.

Escrever em Lanzarote

O escritor leva sua máquina de escrever, papel, um lápis para corrigir, algumas ideias e com isso tem tudo, apenas falta que se sente e se ponha a trabalhar, poderiam dizer os que das coisas que bulem no interior dos seres humanos saibam pouco. Não é fácil começar uma nova vida e, por sua vez, um novo livro. O escritor sobe para o avião e vê como sua terra se afasta. É certo que outra terra espera, que quem voa é ele e leva promessas de regressos, mas hoje, esta manhã, afasta-se de suas paisagens habituais, de rostos cotidianos e do idioma que o formou e no qual se move e respira. O homem que nasceu na aldeia de Azinhaga hoje vai a caminho de uma ilha, escolhida, sem dúvida, e também de um universo que não figurava em nenhum registro pessoal, embora a ilha pudesse ser uma intuição em sua vida.

Certo tremor acompanhou o escritor nessa viagem de finais de 1992, de complexo itinerário, Lisboa, Sevilha, para o encerramento da Expo 92, Tenerife, Lanzarote, talvez atenuado ao ver o Teide da janela do avião, ainda mais dissipado ao aterrar em Lanzarote e ao sentir a calma do lugar, o vento único da ilha, a cor da terra, o mar como um caminho. Então, a certeza de ter tomado a decisão certa sobrepôs-se à nostalgia e à quase imperceptível irritação que o acompanhava desde a censura governamental, pelo que, com voz alta e firme, anunciou aos que o esperavam no aeroporto: "Vamos ver *A Casa*", como se para pronunciar essas palavras tivesse se preparado durante setenta anos.

Acompanhem o escritor, se quiserem. Tenham cuidado, durante umas semanas isso ainda é uma obra, haverá cabos e máquinas por todo lado até o princípio do ano. Mas a divisão em frente, do lado esquerdo quando se entra em casa, já está terminada. É o gabinete de trabalho de José Saramago, aí está sua janela, ao fundo veem-se o mar e o céu. Convém recordar ao escritor, para que não tenha nostalgia, que é o mesmo céu que via em Lisboa, limpo, azul, disponível. Aqui, nesse espaço recém-acabado, será produzido o milagre contínuo da criação, os livros que esperam nascerão nessa paisagem e algo já se intui nessa nudez que convida e emociona.

Carpinteiros do norte da ilha construíram estantes de madeira de pinho, a única disponível, que disporiam de parede a parede. Uma mesa grande para acomodar o computador, livros, dicionários, folhas desorganizadas, correspondência, flores, fotografias, o caos estimulante e necessário para escrever. Depois, já com a casa mobilada, virá a normalidade, o escritor pôr-se-á a escrever, tudo estará objetivamente preparado. É então que as turbulências da criação se fazem visíveis. *Ensaio sobre a cegueira* era o livro que trazia na bagagem, talvez a obra que mais tempo o ocupou, três anos e três meses desde que a ideia lhe apareceu enquanto almoçava num restaurante da Madragoa, em Lisboa. "E se todos ficássemos cegos?", foi a pergunta que se fez. Precisou chegar a Lanzarote para lhe dar resposta.

O disco amarelo iluminou-se. Dois dos automóveis da frente aceleraram antes que o sinal vermelho aparecesse. Na passadeira de peões surgiu o desenho do homem verde. A gente que esperava começou a atravessar a rua pisando as faixas brancas pintadas na capa negra do asfalto, não há nada que menos se pareça com uma zebra, porém assim lhe chamam.

Ensaio sobre a cegueira (1995)

Ensaio sobre a cegueira

Não foi fácil escrever esse livro. Em 29 de abril de 1994, deixava dito em seus *Cadernos*:

> Sentei-me a trabalhar no *Ensaio sobre a cegueira*, ensaio que não é ensaio, romance que talvez não o seja, uma alegoria, um conto "filosófico", se este fim de século necessita de tais coisas. Passadas duas horas achei que devia parar: os cegos do relato resistiam a deixar-se guiar aonde a mim mais me convinha.

Em 8 de agosto de 1995, depois de quase três anos de trabalho, acabou o romance. Pelo meio houve pausas voluntárias e outras em que simplesmente sentia que o caminho que levava não era o indicado. Por fim encontrou-o, soube que era esse quando um personagem se impôs com o vigor da naturalidade. "Tem de me levar também a mim, ceguei agora mesmo", disse a mulher do médico, subindo na ambulância que levaria seu marido. Essa frase, não pensada antes de escrevê-la no papel, deu-lhe a chave, foi a epifania que procurava para escrever o *Ensaio sobre a cegueira* que os leitores conhecem. José Saramago recebeu a frase com emoção. Um personagem continuaria a ver por ter sido capaz de compaixão. Nesse momento, o livro adquiriu forma e ritmo, e foi sendo, dia a dia, o relato de cegos que bem poderia ser um afresco sobre a humanidade contemporânea. Escreveu o autor em 7 de outubro de 1996 em seus *Cadernos*:

> No meu romance *Ensaio sobre a cegueira* tentei, recorrendo à alegoria, dizer ao leitor que a vida que vivemos não se rege pela racionalidade, que estamos usando a razão contra a razão, contra a própria vida. Tentei dizer que a razão não deve separar-se nunca do respeito humano, que a solidariedade não deve ser a exceção, mas a regra. Tentei dizer que a nossa razão está a comportar-se como uma razão cega que não sabe aonde vai nem quer sabê-lo. Tentei dizer que ainda nos falta muito caminho para chegar a ser autenticamente humanos e que não creio que seja boa a direção em que vamos.

Ensaio sobre a cegueira é para muitos leitores um diagnóstico de um mal que pode ser curado. É o livro mais traduzido de José Saramago e dele se fez cinema, teatro, música, exposições de pintura, até balé. Sobre essa obra escreveram-se teses de doutorado e ela é citada em artigos jornalísticos e de opinião. Durante a pandemia de covid-19 converteu-se num título lido como um relato do que globalmente estava acontecendo, talvez porque se teve consciência de que podemos ser "cegos que vendo não veem". A epígrafe do livro aponta o caminho e propõe: "Se podes olhar, vê. Se podes ver, repara".

No dia em que terminou o livro, enviou um fax aos seus editores e à sua agente literária com um simples:

Uf!
Acabou o Ensaio!!

Um abraço
José

Houve momentos na escrita desse livro em que José Saramago quebrou. "Lutei, lutei muito, só eu sei quanto, contra as dúvidas, as perplexidades, os equívocos que a toda a hora se me iam atravessando na história e me paralisavam. Como se isso não fosse bastante, desesperava-me o próprio horror do que ia narrando", escreveu nos *Cadernos de Lanzarote*. Os episódios de crueldade absoluta, como a violação coletiva sofrida pelas mulheres cegas por parte dos cegos que tomam o poder, não quis voltar a lê-los. O diretor de cinema Fernando Meirelles teve de levantar um muro, uns vidros sujos, entre sua sensibilidade e a crueza do que tinha de contar e estava filmando, a violação horrível de vítimas por outras vítimas, homens cegos, violentos e sem respeito, contra mulheres cegas que tinham assumido a missão de cuidar. Nenhum dos dois, escritor e cineasta, prescindiu da narração desse momento, que não é apenas inventado, por desgraça sucede demasiadas vezes nos quatro cantos do mundo. As lágrimas de José Saramago enquanto descrevia o horror ficaram latentes em sua casa, foram acompanhadas com compreensão e silêncio e até os cães, não apenas Pepe, O Cão das Lágrimas, sentiram que deviam ser prudentes. No meio dessa dor, José Saramago levantava o olhar, via o mar, flores sobre sua mesa, respirava.

No discurso do prêmio Nobel, intitulado "De como a personagem foi mestre e o autor, seu aprendiz", José Saramago ofereceu o melhor resumo possível desse livro:

Cegos. O aprendiz pensou: "Estamos cegos", e sentou-se a escrever o *Ensaio sobre a cegueira* para recordar a quem o viesse a ler que usamos perversamente a razão quando humilhamos a vida, que a dignidade do ser humano é todos os dias insultada pelos poderosos do nosso mundo, que a mentira universal tomou o lugar das verdades plurais, que o homem deixou de respeitar-se a si mesmo quando perdeu o respeito que devia ao seu semelhante.

Antes de chegar

José Saramago chegou ao silêncio de Lanzarote partindo do ruído exterior e talvez também com ruído interior. Qual será o estado de alma de uma pessoa que indaga sobre os princípios da civilização cristã sem o chapéu do dogma nem o salva-vidas da fé que explica tudo? Se Jesus Cristo não era Deus, nossa civilização, a civilização cristã, está baseada na mentira? Para que se realizasse o projeto de Deus, eram necessárias a morte dos inocentes, a de Jesus Cristo, tantas outras que depois vieram e continuam a vir causadas pelo fator Deus?

Um dia, em Sevilha, José Saramago acreditou ver um título na capa de uma revista exposta numa banca de jornal: *O Evangelho segundo Jesus Cristo*. No meio da Calle Sierpes voltou à Plaza de la Campana, onde fica a banca, para ler melhor esse surpreendente título. Não existia nenhuma publicação que atribuísse a Jesus Cristo um Evangelho, tampouco figurava seu nome, nem se mencionava Evangelho algum. José Saramago continuou a caminhar, mas não esqueceu essa ilusão de óptica que talvez pudesse ser a origem de uma reflexão partilhada. Um ano depois, pôs-se a escrever um livro a partir do título que pensou ter visto. *O Evangelho segundo Jesus Cristo* é a obra que transformou sua vida de forma radical, e não apenas pela mudança de residência para Lanzarote. Em Estocolmo, diante da Academia Sueca, referir-se-ia assim a esse trabalho:

> *O Evangelho* do aprendiz não é, portanto, mais uma lenda edificante de bem-aventurados e de deuses, mas a história de uns quantos seres humanos sujeitos a um poder contra o qual lutam, mas que não podem vencer. Jesus, que herdará as sandálias com que o pai tinha pisado o pó dos caminhos da terra, também herdará dele o sentimento trágico da responsabilidade e da culpa que nunca mais o abandonará, nem mesmo quando levantar a voz do alto da cruz: "Homens, perdoai-lhe porque ele não sabe o que fez", por certo referindo-se ao Deus que o levara até ali, mas quem sabe se recordando ainda, nessa agonia derradeira, seu pai autêntico, aquele que, na carne e no sangue, humanamente o gerara.

Não, não se escreve um livro sobre a culpa e a responsabilidade para se descansar a seguir. As palavras continuam a ressoar para lá do papel: "Homens, perdoai-lhe, porque ele não sabe o que fez". "Perdoai-lhe, porque ele não sabe o que fez", "Não sabe o que fez", "Não sabe...". E é de Deus que se fala, de quem se repete que não sabe o que fez. O autor não tem convicções religiosas, mas vive numa cultura cristã, acorda com sinos de igrejas, ouve música chamada sacra, comunica-se com pessoas que têm fé em outra vida, diz adeus e oxalá, e sabe que expressou dúvidas que gerações e gerações de seres humanos trataram de evitar, porque não é fácil questionar a origem da civilização ocidental. José Saramago foi escrevendo esse livro como se a cada dia tocasse o mistério. Não se sentava diante de sua máquina de escrever com ligeireza, tampouco com o peso do mundo, e sim com rigor e tratando de responder a si mesmo sem condicionamentos culturais nem autocensuras. "É trabalho", comentavam em sua casa em Lisboa. "É mais um livro que está escrevendo", repetiam, ainda que todos soubessem que não era assim, não se questiona o dogma impunemente. Por isso, ao chegar a noite, quando José Saramago lia as duas páginas fruto de seu empenho cotidiano, um estremecimento percorria a sala e a sensibilidade dos que ali estavam, conscientes todos de que, sendo uma obra literária, era também uma reflexão sobre o poder e uma radiografia da frustração humana, marcada por um projeto dogmático de dimensão esmagadora.

A escrita desse livro pressupôs um trabalho exigente que requereu meses de solidão, de pesquisa e muita reflexão. "Mais tarde, quando o livro for publicado e pertença aos leitores, o autor poderá descansar", dizia-se em sua casa. Não foi assim, depois da publicação uma espécie de vazio instalou-se no interior de José Saramago, a que se unia o ruído de palavras densas que se mantinha na vida pública como se tivesse criado raízes. Então, José Saramago decidiu mudar-se para Lanzarote para começar outra fase de sua vida literária no silêncio vulcânico. Passaria da descrição da estátua à necessidade de encontrar a pedra de que a estátua é feita. E assim chegou definitivamente à ilha por vezes habitada.

Lugares da ilha

Os dias de Famara estão unidos à imagem do paraíso. Tratava-se de sair de casa no carro familiar, cruzar a ilha pelo interior, atravessar San Bartolomé, contemplar a homenagem ao camponês que César Manrique deixou clara e no alto, seguir até Teguise, a antiga capital visitada antes ou depois de Famara, porque suas torres sempre esperam uma espreitadela, e chegar por fim à praia, debaixo do Risco, diante da Graciosa, para instalar-se num dos *zocos*, as meias-luas de pedra que protegem do vento e acolhem os visitantes como se os abraçassem. Há correntes nessa praia, convém ter cuidado ao entrar no mar, mas na areia tudo é amabilidade: o passeio, o repouso, a vista de La Graciosa, o barco que passa, as lendas que se contam, o lanche que emerge de uma cesta de vime e se expõe sobre uma toalha de quadrados vermelhos como se toda a costa fosse uma mesa. Eram dias com personalidade que confirmavam a presença da ilha e o prazer de habitá-la. A seguir, antes de regressar a casa, deve-se dar um passeio pelas ruas de terra da aldeia e saudar as mulheres que tomam sol à porta de suas casas como se o tempo fosse circular, os mesmos gestos de gerações anteriores, a mesma roupa, o mesmo chapéu de palha, o mesmo silêncio. E chegar mais à frente até um edifício estranho, sempre fechado, a que se começou a chamar *Cinema Paradiso* ainda que cinema não fosse, e sim propriedade da igreja, abandonada apesar de seu valor arquitetônico. José Saramago nunca viu essa casa aberta, nem pôde entender que não se lhe desse atenção quando parecia oferecer algum mistério, reclamar uma nova vida. À frente do edifício, umas crianças chapinham no mar, não desistem do banho nem no inverno nem no verão, ocupam o espaço que a natureza lhes oferece e celebram-no com cambalhotas e gritos.

Haría era outro lugar que José Saramago visitava com frequência. Chegava pela costa leste, contemplando os caprichos do mar e as formas que os humanos elegem para viver na companhia das ondas. Eram viagens sem pressa, aldeia a aldeia, casa a casa, retendo a imagem das palmeiras do caminho e dos vulcões antigos, já sem arestas, arredondados pelo vento norte que nunca se acalma e tanto protege. Em Haría, José Saramago percebeu que os comportamentos das pessoas não dependem do lugar onde vivem, mas do aprendido quem sabe onde. Num restaurante da povoação, ofereceram-lhe carne para comer. José Saramago perguntou por um prato de peixe e a resposta foi taxativa: "Homem, o melhor peixe é na costa. Aqui, no interior, o melhor é o cabrito ou o coelho". Haría está a três quilômetros do mar.

Os primeiros tempos de estada em Lanzarote foram um ir e vir constante de sul a norte, de leste a oeste, era preciso incorporar à memória paisagens, monumentos, certas pedras e as poucas sombras que se encontravam e que deviam ter nome. Foi assim que os lugares de Lanzarote foram sendo parte do português que chegou à ilha para ser, ele também, parte dela. Em 9 de maio de 1994, decidiu subir a Montaña Blanca e contou-o em seus *Cadernos*:

Subi ontem a Montaña Blanca. O alpinista do conto tinha razão: não há nenhum motivo sério para subir às montanhas, salvo o fato de elas estarem ali. Desde que nos instalamos em Lanzarote que eu andava a dizer a Pilar que havia de subir todos estes montes que temos por trás da casa, e ontem, para começar, fui-me atrever com o mais alto deles. É certo que são apenas seiscentos metros acima do nível do mar, e, na vertical, a partir do sopé, serão aí uns quatrocentos, ou nem isso, mas este Hillary já não é criança nenhuma, embora ainda muito capaz de suprir pela vontade o que lhe for faltando de forças, pois em verdade não creio que sejam tantos os que, com esta idade, se arriscassem, sozinhos, a uma ascensão que requer, pelo menos, umas pernas firmes e um coração que não desista. A descida, feita pela parte da montanha que dá para San Bartolomé, foi trabalhosa, bem mais perigosa do que a subida, pois o risco de resvalar era constante. Quando, enfim, cheguei ao vale e à estrada que vai para Tías, as tais firmes pernas minhas, com os músculos endurecidos por um esforço para que não tinham sido preparados, mais pareciam trambolhos que pernas. Ainda tive de caminhar uns quatro quilômetros para chegar a casa. Entre ir e volver, tinham-se passado três horas. Lembro-me de haver pensado, enquanto subia: "Se caio e aqui me mato, acabou-se, não farei mais livros". Não liguei ao aviso. A única coisa realmente importante que tinha para fazer naquele momento era chegar lá acima.

Torradas com azeite

As habilidades gastronômicas de José Saramago não eram muitas. É verdade que em alguns livros descreve os personagens sentados à mesa para almoçar, mas não se detém em menus, prefere dar a conhecer detalhes como aquele de *O ano da morte de Ricardo Reis*, quando o garçom, ainda que só esteja um comensal, serve dois copos de vinho, um para Ricardo Reis e outro para alguém que vai chegar e que o garçom pressente. O convidado misterioso, que mais ninguém verá, será Fernando Pessoa, o poeta fingidor que já não se encontrava no mundo dos vivos embora pudesse conversar com suas criaturas, alheio às leis da natureza, atento apenas às da literatura. José Saramago não explica no livro a estranha percepção que o garçom teve para servir dois copos nesse dia e manter esse hábito sempre que atendia Ricardo Reis, mas o detalhe ficou registrado na mente de seus leitores, de tal forma que, anos depois, quando José Saramago morreu, durante os nove meses que, segundo o livro, as pessoas tardam a partir de vez, em diferentes lugares do mundo colocou-se um copo a mais na mesa. Era um gesto simples, uma forma de dizer ao autor de livros escolhidos que não estava sendo esquecido, que continuava presente. Em sua casa de Lanzarote também se manteve esse ritual como um ato de insubornável amor.

As ementas que aparecem nos livros de José Saramago são simples. Seus personagens, normalmente seres solitários, comem em restaurantes populares ou têm em casa uma panela de sopa para vários dias. Por vezes, como em *Levantado do chão*, partilham pão com chouriço, ou queijo e azeitonas em *O conto da ilha desconhecida*, nunca vão longe as habilidades gastronômicas, talvez porque a narração não necessite disso ou porque o autor não sabia rigorosamente nada de cozinha. A não ser preparar o desjejum. Em Lanzarote, José Saramago decidiu não reproduzir as míticas torradas de pão tenro e brando, ligeiramente tostado, com manteiga que vai se derretendo e lançando perfume no ar, como descreve em *Ensaio sobre a lucidez*. Não tinha esse pão nem essa manteiga de sua memória, portanto decidiu inventar torradas de pão negro com azeite e açúcar, e nisso se tornou especialista. Cada manhã era um triunfo: chegava à cozinha, preparava seu chá, um suco de laranja, torradas e iogurte, e convertia-se no maior chef do mundo. Nunca se deu por vencido nem permitiu que alguém interferisse na preparação de seu desjejum. Dominar a cozinha e a culinária dessa maneira era seu orgulho.

Começar o dia olhando o mar, o desjejum e a leitura dos jornais marcavam o início da jornada de trabalho de José Saramago, que se prolongaria noite adentro. O segundo passo seria ler a correspondência que chegava diariamente e que ao carteiro, que rapidamente passou a ser amigo, tanto surpreendia pela variedade de remetentes e de selos pouco habituais. Os leitores que escreviam a José Saramago continuavam o relato do tempo e do mundo que os jornais tinham iniciado minutos antes. Lanzarote deixava então de ser uma ilha e convertia-se no centro do universo, porque ali chegavam anseios e sentimentos de pessoas de diferentes continentes que superavam barreiras pela força da literatura. Mais tarde, cumprido esse ritual, José Saramago continuaria a construir o livro que tivesse em mãos, e assim cumpria sua parte na épica cotidiana que é viver.

Descobrimento

"Um súbito pensamento: será Lanzarote, nesta altura da vida, a Azinhaga recuperada? As minhas deambulações inquietas pelos caminhos da ilha, com o seu quê de obsessivo, não serão repetições daquela ansiosa procura (de quê?) que me levava a percorrer por dentro as marachas do Almonda, os olivais desertos e silenciosos ao entardecer, o labirinto do Paul de Boquilobo?"

De *Cadernos de Lanzarote,*
17 de setembro de 1994

O mar antes de Lanzarote

O mar não estava no horizonte de José Saramago que, no entanto, tinha tido contato com rios, como o Almonda, o rio da aldeia onde nasceu, e mais tarde o Tejo, que conheceria quando seus pais migraram para Lisboa em busca de um futuro diferente do que o campo lhes oferecia. Contava José Saramago que a ideia de sair de Azinhaga ocorreu ao pai quando esteve mobilizado na França durante a Primeira Guerra. Viu o mundo nessa época e, ao regressar a Portugal, já não o atraía a vida rural. Em sua mochila não trazia recordações bélicas, e sim uma foto brindando com outros camaradas fardados, como ele, e posando diante do fotógrafo como se selassem um pacto: a decisão firme de viver em Lisboa.

O pai de José Saramago sabia ler e escrever e entrou para a Polícia de Segurança Pública, onde trabalhou toda a sua vida, que não foi longa. A mãe sofreu o desgosto de ver seu filho primogênito morrer aos quatro anos e desde então manteve uma distância afetiva para com quem a rodeava, talvez atemorizada com a possibilidade de voltar a experimentar a tristeza da morte. Contava

José Saramago que a mãe, em seus últimos anos de vida, alcançou certa paz: pôde desfrutar do contato com amigas, sair de Lisboa em viagens organizadas e sentir como própria a casa que habitava, ela, que antes teve de partilhar casa com outros vizinhos e sofrer demasiados silêncios. Conseguiu ver o filho convertido em escritor, significasse isso o que significasse. Morreu em 1982, aos 84 anos de idade, o marido havia morrido em 1964. Não sabemos se algum dos dois deu a conhecer o mar ao filho ou se foi o filho, caminhante solitário, quem o descobriu por sua conta, talvez uma tarde em que seguindo o curso do rio Tejo chegou até o oceano, tão grande, maior que o mar da Palha que já conhecia, mais que qualquer referência cotidiana.

Antes de chegar a Lanzarote, quando ainda não sabia que seu destino era uma ilha, José Saramago havia visitado Cabo Verde e Cuba. Trouxe dessas viagens recordações que o ajudaram a entender o mundo e a perceber que todos vivemos rodeados de água, que afinal os continentes são ilhas de maior dimensão. Cabo Verde e Cuba também lhe pareceram pontes que convidam ao intercâmbio e ao conhecimento das terras que têm por perto, de que são um suave vislumbre. O olhar europeu de José Saramago talvez começasse a desenhar nessas viagens a necessidade de uma plataforma cultural do Atlântico Sul, continentes em comunicação, sem lastros colonizadores nem imperialistas, também sem exportações de dogmas. Abraçou essa ideia, escreveu sobre ela, expressou-a em colóquios e a proposta continua a circular porque talvez tenha chegado a hora de nos olharmos sem preconceitos e de encarar o futuro com ambição cultural e solidária. A Plataforma do Atlântico Sul não foi um sonho, bem poderia ser uma realidade. Correndo pelo rio de sua aldeia, o menino Saramago descobriu que a água é um veículo para chegar a outros. Demonstra-o no conto que intitulou "A desforra", incluído no livro *Objeto quase:*

Devagar, o rapaz tirou a camisa. Devagar se acabou de despir, e foi só quando já não tinha roupa nenhuma no corpo que a sua nudez, lentamente, se revelou. Assim como se estivesse curando uma cegueira de si mesma. A rapariga olhava de longe. Depois, com os mesmos gestos lentos, libertou-se do vestido e tudo quanto a cobria. Nua sobre o fundo verde das árvores.

O rapaz olhou uma vez mais o rio. O silêncio assentava sobre a líquida pele daquele interminável corpo. Círculos que se alargavam e perdiam na superfície calma, mostravam o lugar onde enfim a rã mergulhara. Então, o rapaz meteu-se à água e nadou para a outra margem enquanto o vulto branco e nu da rapariga recuava para a penumbra dos ramos.

Para que serve este livro

A obra de José Saramago pode encontrar-se na casa dos leitores, em bibliotecas ou em livrarias de todo o mundo. Cada leitor constrói o autor e mantém com ele, ou com ela, sua própria relação. Este livro não pretende interferir na relação entre quem lê e o autor, simplesmente conta detalhes da passagem do escritor pela ilha que escolheu para viver até seu último suspiro, se é que os autores alguma vez deixam de respirar: há pessoas que dizem sentir nas bibliotecas organizadas com amor um certo murmúrio que bem poderia ser o pulsar dos escritores. Este livro serve para recordar momentos singulares vividos em Lanzarote, claro que sim, mas sobretudo tem como missão continuar a respiração que se sente na biblioteca d'*A Casa* e partilhá-la. Este é um livro para amigas e amigos.

José Saramago escreveu um diário nos primeiros anos de estada na ilha. São seis volumes intitulados *Cadernos de Lanzarote*, onde dá conta de sua vida e de seu trabalho, dos pequenos acontecimentos domésticos ou do desenvolvimento de ideias que algum dia seriam livros. Abandonou essa dedicação no início de

1999, ao contemplar sua agenda depois de receber o prêmio Nobel de literatura e de compreender que o contínuo ir e vir de um lado para o outro não permitiria a comunicação tranquila com os leitores que tinha previsto seis anos antes. Quando o primeiro volume, que começa em 15 de abril de 1993, ficou concluído, José Saramago pôs em dúvida o interesse que sua publicação pudesse ter. Seu editor português, Zeferino Coelho, não conseguiu convencê-lo a entregar-lhe o diário, e foi necessária a intervenção de outro amigo para que os *Cadernos* iniciassem seu caminho. Assim o contou em 9 de janeiro de 1994 em *Cadernos de Lanzarote*:

> Assim são as coisas. Gabei-me aqui de não ter gasto muito tempo a dissuadir o Zeferino Coelho da sua vontade de levar os *Cadernos* para os publicar já, e afinal o José Manuel Mendes levou ainda menos a convencer-me do contrário. Usou de um argumento para o qual não encontrei resposta: que as minhas dúvidas e hesitações quanto à oportunidade da publicação não seriam aclaradas nem resolvidas pelo tempo, uma vez que o livro continuaria a ser, nesse e em todos os futuros, aquilo que é hoje: um comentário sem preconceitos sobre casos e gente, o discorrer de alguém que quer deitar a mão ao tempo que passa, como se dissesse: "Não vás tão depressa, deixa um sinal de ti". Compreendi que a relutância provinha só de um temor não confessado a enfrentar-me com reações suscitadas por referências feitas nestas páginas a pessoas e procedimentos. Na verdade, ainda tenho muito que aprender com os escritores de barba dura, a quem nada faz recuar, como Vergílio Ferreira…

Na contracapa de *Cadernos de Lanzarote*, José Saramago estampa sempre a mesma frase: "Contar os dias pelos dedos e encontrar a mão cheia". O trabalho, os encontros, as viagens e as descobertas vão sendo narrados com a naturalidade com que ao dia se segue a noite, são livros de proximidade, cartas aos leitores, contando e às vezes contando-se. Anos depois, quando José Saramago já não estava, apareceu em seu computador o sexto volume dos diários praticamente acabado e perdido na voragem dos dias do Nobel. Seus editores decidiram publicá-lo e os leitores entenderam as razões pelas quais o autor deixou de lhes escrever: foi realmente um tempo de angústia, de viagens e compromissos. José Saramago assumiu o prêmio Nobel como uma honra, mas também como um ato de responsabilidade para com sua cultura, a portuguesa, e para com o fato universal de escrever e de ler. Viajou por diferentes continentes sendo ele mesmo uma ilha, quer dizer, um lugar de encontro entre gerações, modos, idiomas, ideias e culturas. Nunca nada lhe foi alheio e disso dão conta os seis volumes de *Cadernos de Lanzarote* e também os dois livros posteriores com os textos do blog que abriu nos últimos anos de sua vida e que respondem pelos títulos de *O caderno* e *O último caderno*. Sim, contou os dias pelos dedos e tinha a mão cheia. Este livro é um reconhecimento ao seu trabalho em Lanzarote e uma forma de agradecimento. É um livro de leitores e um ato de amor.

César Manrique

A Lanzarote chega-se através de César Manrique. Sem ele, haveria as crateras, mas os visitantes não saberiam chegar a elas nem as olhar com o respeito que César fez valer. La Geria, sem César Manrique, seria paisagem, não uma forma elegante e inteligente de cultivar videiras que darão tão bons vinhos. Sem César Manrique, os caminhos não respeitariam a paisagem, e a depredação turística teria levantado edifícios por cima das montanhas e da lógica. César Manrique salvou Lanzarote da barbárie e converteu a ilha num lugar em que os seres humanos se podem contemplar a si mesmos e tratar de entender que relação têm com a natureza e qual sua responsabilidade. Lanzarote é uma lição que César Manrique soube dar e que se prolonga no tempo porque há legados, como o seu, imortais.

Quando José Saramago decidiu instalar-se em Lanzarote, César Manrique vivia a plenitude de sua obra. Acabava de criar a Fundação que leva seu nome, a ilha estava ordenada e, aparentemente, as ofensivas políticas que sofria tinham baixado de tom. Parecia, em suma, que a lógica do respeito prevalecia sobre os interesses do mercado, alheios ao modelo de desenvolvimento que César Manrique defendia para Lanzarote. A população estava orgulhosa de que arte e natureza se fundissem, de que as representasse, e de que a mensagem fosse tão rotunda que os visitantes o percebessem ao desembarcar, como aconteceu com José Saramago. Quando César Manrique lhe telefonou, parecia que uma amizade se iria consolidar e ambos se dispuseram a que assim fosse. Não pôde ser. O encontro marcado para outubro não teve lugar porque a morte — tão absurda — se meteu pelo meio e um acidente tirou a vida a César Manrique em 25 de setembro de 1992, quando saía da fundação a caminho de sua casa em Haría, no norte da ilha.

César Manrique era um homem jovem que tinha percorrido o mundo levando prazer a pessoas e lugares. Encarnava a liberdade de criação e a liberdade humana, um pintor sério que retirava luz das entranhas da terra para que a memória convivesse em harmonia com o presente que a cada dia precisa ser construído. A imaginação de César Manrique era uma ferramenta de trabalho, outra ferramenta, sua capacidade de ver para além das pedras e da ordem social estabelecida. Sua empatia com os seres humanos era uma característica fulgurante: foi capaz de sentir necessidade e sonhos nunca expressados, e que quando realizados os lanzarotenhos assumiram como próprios. César Manrique dava luz à vida e essa luz permitia abordar o impossível e consegui-lo. José Saramago teve pena de não lhe ter agradecido pessoalmente a ilha oferecida, e esse sentimento, que o acompanhou sempre, fazia-o citar César Manrique uma e outra vez, como se o vento pudesse levar o reconhecimento que lhe devia até o lugar onde vive, no coração dos lanzarotenhos.

La muerte de César Manrique fue para Lanzarote una pérdida irreparable. Para que se salve la isla es necesario que cada conejero sea capaz de convertirse en un nuevo Manrique.

Declaração de José Saramago enviada por fax em apoio aos cidadãos defensores da ilha contra planos urbanísticos depredadores. Os habitantes de Lanzarote são conhecidos como "conejeros".

Uma pandemia

A ideia de escrever *Ensaio sobre a cegueira*, já se disse, apresentou-se a José Saramago num restaurante da Madragoa, em Lisboa, enquanto esperava um prato de bacalhau assado com batatas ao murro. "E se todos ficássemos cegos?", perguntou-se o escritor. E em seguida respondeu a si mesmo: "Mas somos cegos, cegos que vendo não veem". Nesse momento, em 6 de setembro de 1991, José Saramago soube que teria de escrever *Ensaio sobre a cegueira* e começou a dar forma à evidência. Não seria um ensaio nem uma conferência ou um conto filosófico, mas sim um romance nascido a partir de uma pergunta, como já havia ocorrido antes. Os personagens — quais, quantos — cegariam talvez pelo colapso do sistema, talvez pela degradação moral de quem, podendo ver, opta por tapar os olhos. Não seria um livro maniqueísta, tampouco um pasquim político, não deveria situar-se em nenhum lugar concreto, ainda que o autor sempre soubesse que as ruas percorridas pelos personagens são de Lisboa, pois é a cidade que melhor conhece no mundo. Será uma epidemia que vai se estender diante do assombro geral. Não há medicina para combatê-la, não existem precedentes, os governos encontram-se perdidos, incapazes de enfrentar a situação enquanto as populações vagueiam erráticas entre mortos e lixo. Aparecerá um animal com mais humanidade que muitos seres humanos que se deixam levar pelo instinto. Os grupos que se reúnem podem parecer hordas. A arte terá desaparecido, também o conforto, as casas, as cadeias de distribuição. Onde estaria Deus nesse momento? De que mortos cuidaria? Quem tentará reorganizar o caos?

Ideias assim passaram pela cabeça de José Saramago enquanto separava a branquíssima carne do bacalhau das espinhas próprias de sua condição. O prato rega-se com azeite e alhos fritos e com as batatas servem-se habitualmente couves ou brotos cozidos. Não se poderá saber que legumes acompanharam os primeiros passos desse livro, uma história tremenda que teria lugar num tempo em que se crê estar a salvo de tudo porque o sistema está organizado para controlar a desordem.

Eram por volta de três e meia da tarde quando José Saramago abandonou o restaurante: então não sabia, como poderia sabê-lo, que necessitaria de mais de três anos para pôr a palavra fim naquele embrião, nem que se mudaria para Lanzarote, nem que necessitaria de uma casa feita de livros para dar forma à sua pergunta, e uma paisagem árida, pedra e céu, para que não se distraísse em suas reflexões.

O vazio que deixou em José Saramago a escrita de *O Evangelho segundo Jesus Cristo*, a dor e as incertezas foram ocupados por outra reflexão: seremos, os seres humanos, dignos da vida? O processo de escrita desse livro não foi fácil, não se trata de ter uma ideia, uma mesa e uma cadeira, já foi dito, para que a obra avance. O universo da criação é complexo e apresenta desafios a que apenas algumas pessoas podem responder. Escrever é uma arte e quem o aceita sabe que não conhecerá a rotina. "Cheguei a dizer: não sei se vou poder sobreviver a este livro. Acabei-o em estado de convulsão", contou numa conferência de imprensa. Estado de convulsão: ainda que aparentasse normalidade, convivesse, viajasse, escrevesse artigos, se comunicasse com pessoas, visse a paisagem e a incorporasse à sua realidade, o terror do precipício estava ali. José Saramago via como o precipício avançava em direção à humanidade ou a humanidade para o precipício. Não foi fácil, já ficou dito.

O livro foi apresentado em Lisboa em outubro de 1995, no Hotel Altis, com a sala repleta de leitores e amigos, entre eles António Guterres, recém-eleito primeiro-ministro e hoje secretário-geral da ONU. O governo da censura a José Saramago já não estava no poder, o escritor poderia voltar a viver em Lisboa, mas já era demasiado tarde: Lanzarote se instalara em sua alma e ele pretendia viver onde estivesse sua alma. Os livros de sua biblioteca que ainda estavam em Lisboa embarcaram rumo à ilha, onde hoje podem ser acariciados. Há alma nessa biblioteca, como em qualquer canto d'*A Casa*.

Primeiras visitas

Antes de que as obras n'*A Casa* terminassem, houve amigos que foram a Lanzarote para visitar José Saramago, talvez para se assegurarem de que o lugar era adequado, ou talvez para insistirem que não deixasse de ser o português que sempre havia sido. No primeiro Natal, ainda na casa dos cunhados, já se usavam dois idiomas à mesa e houve um menu indiscutível: *bacalhau com todos*, o prato-rei do Natal português, definitivamente entronizado em Lanzarote diante do assombro de alguns vizinhos que não entendiam que em noite tão especial se servisse um prato de Quaresma, como geralmente se entende o bacalhau em Espanha. A primeira véspera de Natal na ilha significou o início de uma tradição que várias famílias continuam a manter em homenagem a José Saramago e à cozinha tradicional de seu país. O prato é de fácil preparação, ainda que seja necessário zelar pela qualidade dos elementos, todos cozidos, cada um em seu ponto, e bem regados à mesa com o melhor azeite do mundo. No final, surge um prato colorido e belo, com o branco do lombo de bacalhau e do ovo cozido, o verde dos brócolis, o amarelo dos grãos, o laranja da cenoura. Com esse prato à mesa está assegurada a alegria no mundo.

O bacalhau converteu-se numa norma n'*A Casa*: não se preparava das mil e uma maneiras que em Portugal se enunciam, mas tinha variantes suficientes para que José Saramago se sentisse como uma criança com sapatos novos quando percebia que era essa a ementa. Bacalhau para os que chegavam e também como prato habitual. Um amigo jornalista espanhol brincava dizendo que a sociedade se dividia entre os que tinham comido bacalhau na casa de José Saramago e os que não. O amigo sentia-se ao lado dos campeões por tê-lo degustado não uma, mas várias vezes, coisa que era possível porque n'*A Casa* nunca se impuseram limites, e desde a primeira hora o fluxo de pessoas que chegavam se converteu em norma e forma de viver.

Uma das primeiras visitas foi a de Mário Soares, então presidente da República, que, por certo, não comeu bacalhau na casa de José Saramago, teve um almoço muito acidentado, ainda que preparado com muito carinho. Aconteceu que as pessoas que iam servir, profissionais excelentes, ficaram nervosas diante da presença do chefe de Estado e não acertaram uma: queimaram as lentilhas previstas como primeiro prato, que já se encontravam preparadas, e o segundo prato, peixe, chegou tarde e frio. Seguramente o vinho não foi servido com rapidez; Maria de Jesus Barroso, esposa do presidente, não foi a primeira a ser servida; e um dos empregados deixou cair a bandeja com os pratos que retirava da mesa. Um desastre total de que se sobreviveu graças à excelente conversa que Mário Soares, Manuel Alegre e José Saramago protagonizaram ante o deleite dos outros catorze comensais, dois deles numa mesa ao lado porque, para que nada faltasse nesse almoço, chegaram duas pessoas não anunciadas e na mesa não cabiam mais de doze. Quando o avião que devolveria a Lisboa o presidente e seu séquito decolou, os que o acompanharam ao aeroporto respiraram aliviados, não havia espaço para mais um desastre nesse dia. Ou nisso acreditavam: na viagem de regresso ouviram na rádio, num programa nacional, o cozinheiro e os garçons contando como havia sido a refeição na casa de José Saramago e "o simples e simpático" que era o presidente. "Definitivamente temos de apagar este dia do mapa", disse José Saramago antes de explodir num ataque de riso, enquanto quem o acompanhava implorava aos céus que nenhum serviço de protocolo estivesse ouvindo o programa.

Sim, há dias que não nascem para ser perfeitos, ainda que nunca deixem de estar na memória risonha dos que os viveram.

Mário Soares

A visita de Mário Soares a Lanzarote foi o gesto mais inesperado e mais simbólico que o autor português poderia receber. O presidente da República, sem afirmar expressamente por palavras, chegou à ilha para retificar a atitude do governo de Cavaco Silva e para deixar claro diante da opinião pública que a máxima entidade do Estado não partilhava dos critérios governamentais de censurar um livro e um autor, como se em Portugal a Revolução de Abril não tivesse trazido a democracia, que em 1992 já se considerava consolidada. A visita a Lanzarote teve um motivo: constatar que o homem que vivia e escrevia nessa terra vulcânica não era um exilado; era, sim, um compatriota com direito a estar agastado com o governo e um escritor que nunca perderia seu idioma nem seu sentido de pertencimento, um ser humano responsável e digno.

José Saramago mostrou Lanzarote a Mário Soares e aos que com ele vinham. Subiram a Timanfaya e molharam os pés na água salgada de El Golfo. Falaram de política porque falaram do mundo. Falaram de cultura porque falaram dos seres humanos que sonham em ser algo mais que estatística. Falaram de livros porque eram leitores. Manuel Alegre, o poeta e político de voz rouca e vibrante, disse entender por que se escolhe uma ilha, e Maria de Jesus Barroso confirmou em espanhol o que o marido dizia em português: que Lanzarote era um bom lugar para dar alegrias à pátria portuguesa. E assim foi.

Uns anos antes, Mário Soares, um dos fundadores do Partido Socialista, tinha concorrido à reeleição como presidente de seu país. José Saramago não votou nele e em público manifestou seu apoio ao candidato do Partido Comunista Português, Carlos Carvalhas. No dia seguinte às eleições, vencidas com maioria absoluta por Mário Soares, José Saramago recebia uma condecoração na embaixada da França outorgada pelo governo desse país. À primeira hora da manhã, o embaixador francês, muito preocupado, entrou em contato com José Saramago para lhe anunciar que do Protocolo de Estado tinham comunicado que o presidente assistiria à cerimônia. José Saramago tranquilizou o embaixador, "votar diferente não significa que haja falta de respeito", disse-lhe. Foi ainda mais claro na cerimônia: ao agradecer ao ministro francês a condecoração, dirigiu-se especialmente a Mário Soares declarando "que se não era meu candidato, sim, é meu presidente". O aplauso da sala foi unânime. Esses dois seres humanos capazes de entender o valor da discrepância encontraram-se em Lanzarote para reivindicar a liberdade da criação. E assim continuaram sempre, concordando ou discordando politicamente, sem retóricas nem medos, sabendo em que mundo viviam e em que margem estavam ambos e para quê. Nenhum dos dois traiu a si mesmo. Foram amigos.

Pepe, Greta e Camões

Poderiam ser nomes de furacões, mas são os nomes recebidos pelos cães que chegaram a casa de José Saramago para ficar. O primeiro foi Pepe, cruzamento de caniche e sabe-se lá mais o quê, um animal inteligente que dizia com o olhar o que não podia por palavras. Pepe exercia sua autoridade com paciência, já que o resto de sua tribo era inconstante, e então ele se retirava com dignidade. Completavam o grupo Greta, uma yorkshire antipática e inconsciente, e Camões, cão vadio que nunca conseguiu perceber que não era necessário engasgar-se engolindo a comida porque vivia numa casa em que se partilhava tudo. Pepe conversava com José Saramago, sabiam o que se dizer e até o que pensavam, é O Cão das Lágrimas de *Ensaio sobre a cegueira*. Tinha compaixão para lamber quem chora, sabia esperar e afeiçoava-se a quem passava pela casa: era amigo, era fiel, essas condições definitivas ninguém tirava dele. Apareceu um meio-dia na cozinha d'*A Casa*, cruzou as patas dianteiras e esperou. Deram-lhe de comer e a seguir mostraram-lhe a porta de saída. Nunca a usou, escolheu ter família e a família aceitou-o. De alguma forma foi o centro da casa.

Mais tarde apareceu Greta, seguramente abandonada por algum humano que já não podia suportá-la, apesar da pureza de sua raça. Era tirana, lia o pensamento das pessoas e usava-o para chateá-las. Ocupava sempre o lugar eleito por quem estivesse em seu radar, e não permitia que contestassem o que acreditava ser seu direito. Pesava cinco quilos e não sabia, julgava ser gigante e enfrentava o caminhão do lixo porque não gostava do barulho que fazia. Não se menciona em nenhum livro de José Saramago, a não ser nos *Cadernos de Lanzarote*, e quase nunca por boas razões. Seu dono chamava-lhe *cabra* e ela, de raiva, mordia as portas de casa, à altura de quatro dedos do chão, até onde permitia sua estatura. Era bonita e sabia-o, era servida em primeiro lugar e nunca disse obrigada. O vulcão em erupção que habitava em seu interior só se acalmava quando se juntava com a pessoa que tinha escolhido. Em sua cabeça só cabia uma pessoa, duas eram uma multidão e daí nascia sua ira. Aos seus companheiros, suportava-os, porém mais nada. Ou isso fazia ver.

Camões foi o último a chegar. Era alto, desajeitado, de pelo preto e encaracolado com uma espécie de gravata branca que quebrava a monotonia da cor. Camões não tinha características humanas, era um cão consciente de o ser, sem ares de grandeza. Comia, guardava a casa, brigava com os pássaros e com o jardineiro, aproximava-se dos donos com paixão animal, oferecia lagartixas que depositava nos tapetes, brincava com o vento e saltava as escadas sem acertar nos degraus. É o cão de *A caverna*, o simpático Encontrado que acompanha o oleiro e lhe dá seu calor.

Quando José Saramago morreu, Camões, o único dos três que lhe sobreviveu, apercebeu-se e chorou uma noite inteira. Eram uivos tremendos que ninguém podia consolar, ia pelos lugares de seu dono cheirando em vão, uivando, gritando desesperado. Juan Teba, um amigo de José Saramago que testemunhou essa aflição, escreveu um artigo intitulado "Camões chora por Saramago".

Nos livros escritos antes de chegar a Lanzarote aparecem cães e com papéis protagonistas. Em *Levantado do chão* está Constante, que "podia lá faltar, neste dia levantado e principal" da Revolução de Abril. Em *A jangada de pedra* é Piloto quem, com um fio de lã azul na boca, ensina o caminho aos quixotes que percorrem a península enquanto ela, a península, procura um futuro fabuloso como ilha aproximando-se dos demais. Há também um cão sempre deitado nas Escadinhas de São Crispim, como se narra em *História do cerco de Lisboa*. São cães imaginários e com personalidade, curiosamente criados por alguém que sempre sentiu receio desses animais, como conta em *As pequenas memórias*. José Saramago perdeu esse medo ancestral, que talvez fosse um sentimento de culpa, em Lanzarote. Na ilha voltou ao tempo inicial da infância, antes de ser mordido por um cão esquelético, tão pobre e assustado como a criança. Nunca se saberá se a necessidade de incorporar animais caninos em sua obra não seria um ato de justiça por ter assustado um animal quando eram crianças, ele e o mundo. De qualquer modo, o homem adulto que chegou a Lanzarote recuperou a relação para a qual sempre esteve preparado. Foram três grandes alegrias seus três cães, aos que conviria acrescentar uma Ofélia lisboeta, coquete e namoradeira, mais alegre que a namorada de Pessoa, de quem recebeu o nome, que passava temporadas com sua dona Maria do Céu, e uma Boly lanzarotenha que se juntava à tribo quando a secretária, Yolanda, se ocupava da casa porque José Saramago estava em viagem. Nesses dias, Yolanda mudava-se para Tías e com ela vinha Boly, que pouco a pouco foi ficando n'*A Casa* e que alegrou muitos dias com sua impaciência de yorkshire altiva, ainda que, nesse caso, bem-educada. Nenhum corre mais pelo jardim de Lanzarote, ainda que continuem a existir nos livros de José Saramago, nos artigos que provocaram e na memória dos que os conheceram, tão seguros de si mesmos, tão insolentes, tão carinhosos, às vezes assustados pela quantidade de gente que tocava à porta e entrava, outras indiferentes ao que ocorria. Como no dia do anúncio do prêmio Nobel quando, cansados de ladrar sem que ninguém lhes fizesse caso, decidiram deixar passar toda a gente, câmeras e pessoas, e que os humanos se arranjassem como pudessem, se conseguissem. Os três cães olhando para o ruído e assistindo de um canto ao desconcerto, com a cabeça levantada e as patas da frente cruzadas, eram o espetáculo tranquilo do dia do anúncio do Nobel em Lanzarote. Pepe, Greta e Camões foram casa para José Saramago.

O vento

O vento de Lanzarote foi um aliado de José Saramago. A quietude das pedras era a base de seu bem-estar, mas a brisa, que por vezes era mais que brisa, converteu-se numa doce companhia que movia ideias, nuvens e a sombra sob a qual se abrigava ao cair da tarde. O vento de Lanzarote às vezes transforma-se em furacão, tem vida própria e expressa-a com clareza. Em 1º de janeiro de 1998, José Saramago deixou escrita sua relação com o vento quando este decide ser protagonista do tempo e da paisagem:

> Durante a noite, o vento andou de cabeça perdida, dando voltas contínuas à casa, servindo-se de quantas saliências e interstícios encontrava para fazer soar a gama completa dos instrumentos da sua orquestra particular, sobretudo os gemidos, os silvos e os roncos das cordas, pontuados de vez em quando pelo golpe de timbale de uma persiana mal fechada. Nervosos, os cães lançavam-se de rompante pela gateira da porta da cozinha (o ruído é inconfundível) para irem ladrar lá fora ao inimigo invisível que não os deixava dormir. Manhã cedo, antes mesmo do pequeno-almoço, desci ao

jardim para ver os estragos, se os houvera. A força da ventania não tinha esmorecido, bem pelo contrário, sacudia com injusta ferocidade os ramos das árvores, sobretudo os da acácia, que com uma simples e bonançosa aragem se deixam mover. As duas oliveiras e as duas alfarrobeiras, novas ainda, pelejavam bravamente, opondo aos esticões do malvado a elasticidade das suas fibras juvenis. E as palmeiras, essas, já se sabe, nem um tufão as consegue arrancar. Com os cactos também não valia a pena preocupar-me, resistem a tudo, chegam a dar a impressão de que o vento faz um rodeio quando os vê, passa por eles de largo, com medo de se espetar nos espinhos. Ao longo do muro, os pinheiros canários, em fila, mais desgrenhados que de costume, cumpriam o dever de quem foi colocado na linha da frente: aguentar os primeiros choques. Tudo parecia estar em ordem, podia ir preparar o meu pequeno-almoço de sumo de laranja, iogurte, chá verde e torradas com azeite e açúcar. Foi então que notei que o tronco de um pinheiro oscilava mais que os dos seus irmãos. Conhecendo o chão que piso, compreendi que as raízes, abaladas pelos bruscos e repetidos safanões do vento, iam, pouco a pouco, afrouxando a presa. Por estes sítios, é delgadíssima a camada de terra fértil, a pedra começa logo a uma mão travessa da superfície, às vezes ainda menos. Sempre estará em perigo uma árvore que, no lugar em que a plantaram ou onde nasceu espontânea, não tenha tido a sorte de achar uma fenda por onde insinuar as radículas extremas e depois forçar o espaço de que necessita para firmar-se. O meu pinheiro, apenas três palmos mais alto do que eu, estava a precisar de uma ajuda. Comecei por escorá-lo com o cabo de uma enxada, entalado entre um dos ramos baixos e o chão, mas o resultado foi desanimador, a intermitente oscilação do tronco fazia resvalar a improvisada estaca. Dei a volta ao jardim, à procura doutro objeto mais capaz de servir, e vi uns caixotes de madeira que pareciam estar ali à espera deste dia: agarrei na tampa de um deles, que uma rajada súbita quase me arrancou das mãos, e regressei ao aflito pinheiro. O tamanho da tampa era exatamente o que convinha, as tábuas formariam com o tronco o mais adequado ângulo que eu teria podido desejar. Empurrei a árvore contra o vento para que ficasse aprumada, ajustei a escora por baixo do ramo que utilizara na primeira tentativa, não havia dúvida, a inclinação da tampa era perfeita. Pus-me então a acarretar pedras que fui dispondo e ajustando pelas tábuas acima, de modo a exercerem o máximo possível de pressão constante sobre o tronco. A árvore, naturalmente, continuava a mover-se ao sabor do vento, mas muito menos, e estava firme, a salvo de ver-se arrancada pela raiz. Andei a rever-me na minha obra todo o dia. Como uma criança que tivesse conseguido atacar os sapatos pela primeira vez.

Último caderno de Lanzarote
O diário do ano do Nobel

Bertolucci

Uma noite, Bernardo Bertolucci foi jantar na casa de José Saramago. Sua mulher e ele costumavam visitar Lanzarote, a ilha oferecia-lhes o silêncio necessário para continuarem a trabalhar no exigente mundo do cinema de qualidade que partilhavam. O jantar teve lugar na cozinha, que era o centro d'*A Casa*, o lugar de conversas intermináveis, das leituras em voz alta dos originais, dos comentários de notícias que chegavam por telefone e que ali se partilhavam, ao redor da mesa ou olhando para o mar, para calibrar melhor o alcance do que se acabava de saber. Bertolucci chegou acompanhado por amigos, uns de Lanzarote, outros de Madri, da Galiza ou de La Mancha, três idiomas em jogo, o italiano, o português e o espanhol com mil pronúncias e boa voz. A mesa estava posta e a disposição era festiva. Bertolucci e Saramago admiravam-se mutuamente, na cozinha havia consciência de que dois pesos pesados se sentariam frente a frente e aguardava-se com impaciência o resultado do encontro. No entanto, ninguém esperava o que se passou, a emoção não se pôde dissimular quando, minutos antes de começar o jantar, os cunhados de José Saramago chegaram com seu filho, um menino de três anos, e sem aviso prévio o apresentaram: "Bernardo, há trinta anos, quando vimos *Novecento*, dissemos que se algum dia tivéssemos um filho se chamaria Olmo em sua homenagem. Tardou muito a chegar, mas aqui está, viemos lhe apresentar o Olmo". O gesto de Bertolucci, o abraço à criança, umas lágrimas rapidamente dissimuladas disseram tudo. Houve que recompor o ambiente para o jantar, que acabou muito bem, não poderia ter sido de outra forma: o bacalhau estava bom, os risos altos e os amigos de Lanzarote, cada um à sua maneira, foram anfitriões da noite, braços abertos para Marisa Paredes, Pedro Almodóvar e para quem com eles vinha. N'*A Casa* expressaram-se desejos de regressar a Lanzarote com projetos concretos. O que aconteceria mais tarde: os sonhos, quando ditos em voz alta, ficam mais próximos de se realizar.

Baptista-Bastos e Carlos Reis na ilha

Dois escritores passaram por Lanzarote para entabular diálogos que logo se transformariam em livros. O primeiro a chegar foi Armando Baptista-Bastos, homem cordial e jornalista feroz, que também poderia ser definido como um ser humano que não dava tréguas ao conformismo e um mestre do jornalismo capaz de narrar todas as doçuras. Escritor, romancista, ensaísta, dono de um estilo próprio formidável, escrevia nos jornais como se os artigos fossem perdurar, ainda que soubesse, como todos no ofício, que o jornal que um dia se faz com esforço, paixão e rigor terá como provável destino no dia seguinte o de envolver o peixe ou cobrir os chãos recém-esfregados para que as pegadas não estraguem a limpeza.

Baptista-Bastos e José Saramago percorreram Lanzarote conversando. Ambos eram militantes do Partido Comunista Português, ambos tinham critério próprio e capacidade para propor ideias, debater e avançar. Não eram homens de religião, sim de muitas inquietudes, refletidas nessa conversa que tem por título *José Saramago, aproximação a um retrato*. Literatura, política, ética, religião, amor e sombras passam por essas páginas que se iniciam com o fascínio partilhado pela ilha dos cem vulcões e 62 quilômetros de costa a costa, e que continuam com a constatação dolorosa de que são muitos, demasiados, os seres humanos que albergam ilhas solitárias nos solitários corações para os quais, às vezes, o mundo é também uma pequena e solitária ilha.

A fotografia que Baptista-Bastos fez de José Saramago em sua casa, quando se preparava para escrever *Todos os nomes*, estava sempre presente, não emoldurada, simplesmente presente, sobre a mesa do escritor, entre papéis, livros e as indispensáveis flores frescas de cada manhã. Os dois amigos, altos e firmes, redescobriram a ilha ao fixar-se numa palmeira solitária, numa nuvem que passa ou no sol que se projeta inteiro numa cratera que o recebe como se para isso existisse. A imagem dos dois escritores caminhando entre vulcões e pondo palavras à vida e à morte que presenciavam por vezes percorre a ilha levada pelo vento.

Anos mais tarde, o professor e ensaísta Carlos Reis desembarcou em Lanzarote, e José Saramago teve medo desse encontro. Ele mesmo o escreveu em *Cadernos de Lanzarote VII*: "Estou um pouco assustado, pois não é o mesmo ser entrevistado mais ou menos despachadamente por um jornalista e ser alvo das atenções e curiosidades de um professor universitário". E acrescenta: "Vamos a ver se sairei intacto de um interrogatório tão prometedor...". Carlos Reis, catedrático na Universidade de Coimbra, era então diretor da Biblioteca Nacional de Portugal. Autor de títulos indispensáveis para conhecer e estudar a literatura portuguesa, chegou a Lanzarote com dez propostas de diálogo e cumpriu todas elas. O resultado de seu trabalho está publicado em vários idiomas sob o título de *Diálogos com José Saramago*. Nenhum assunto fica por explorar nessas conversas sistematizadas, que tiveram lugar em quatro sessões ao longo de três dias. Quando não estavam a dialogar com gravadores pelo meio passeavam pela ilha, percorriam seus recantos com a mesma intensidade que logo aplicariam ao desvendar as chaves da obra saramaguiana, essa que já ia transitando da estátua para a pedra. Ao professor Carlos Reis confessaria José Saramago sua pena por não ter podido frequentar a universidade, e, quando Carlos Reis lhe recordava os graus de doutor honoris causa recebidos, obtinha como resposta um encolher de ombros e esta frase: "É como se me dissessem: "Tu não tiveste essas coisas quando outras pessoas as tiveram, por isso vais tê-las agora". E não é o mesmo, insistia José Saramago.

Carlos Reis, que anos mais tarde seria nomeado comissário para o Centenário de José Saramago, foi encarregado por António Guterres, então primeiro-ministro português, de organizar a recepção ao escritor depois do anúncio do prêmio Nobel de literatura. Foi uma cerimônia bela, culta e brilhante, precedida de vários minutos de aplausos que arrancaram, e de que maneira, com a entrada do escritor no Grande Auditório do Centro Cultural de Belém, tempo suspenso, emocionante, como se nesse aplauso se aplaudisse a vida que permite ter perto, dele desfrutando, um de seus protagonistas. Carlos Reis teve de fazer esforços para reconduzir a cerimônia, conseguiu-o porque é homem de caráter e os objetivos que se marcam são para cumprir, mas também ele estava emocionado. Reconhecê-lo-ia tempo depois, juntamente com as mil histórias que cabem na organização de um acontecimento para o qual não se estava preparado, a celebração de um prêmio Nobel de literatura, o primeiro de língua portuguesa. O diretor da Biblioteca Nacional de Portugal expressou sua satisfação e um certo e legítimo orgulho, esse que partilhava com aqueles que assistiam. Foi também Carlos Reis a pessoa encarregada do discurso de despedida a José Saramago no funeral laico que teve lugar no Salão Nobre da Câmara Municipal de Lisboa. Era junho de 2010.

José Saramago morreu em Lanzarote, mas, homem de duas

pátrias, teve duas despedidas, uma mais íntima em Lanzarote, outra, íntima ainda que multitudinária, em Portugal. Suas cinzas ficaram em Lisboa, sob uma oliveira trazida de sua terra natal, e protegidas por uma frase que é a final de *Memorial do convento*: "Não subiu para as estrelas, se à terra pertencia". E aos leitores.

Um homem foi bater à porta do rei e disse-lhe, Dá-me um barco. A Casa do rei tinha muitas mais portas, mas aquela era a das petições.

O conto da ilha desconhecida (1997)

O conto da ilha desconhecida

"Há livros que nascem com sorte", dizia José Saramago cada vez que chegava uma nova tradução desse conto, escrito para responder a um convite de Simonetta Luz Afonso, que lhe pedira para escrever um ensaio sobre a utopia para o Pavilhão de Portugal da Expo 98. "Mas se eu não sei fazer ensaios", respondeu-lhe o autor de *Ensaio sobre a cegueira*, "portanto escreverei um conto", e pôs-se a escrever uma história com a busca de uma ilha desconhecida como pano de fundo e também como projeto.

Quando terminou o conto era feriado, Quinta-Feira Santa de 1997, e vários amigos almoçavam na casa de José Saramago: os vizinhos, mais algumas pessoas, e entre todos decidiu-se que depois do café haveria uma leitura, far-se-ia uma tradução improvisada do português em que estava escrito para o espanhol em que seria lido pela primeira vez. "Dá-me um barco", dizia o homem ao rei sem mais protocolos nem explicações. "Dá-me um barco", insistia o homem que queria descobrir a ilha desconhecida, deixando encantados os comensais com a força da história, a audácia de seus protagonistas, a descoberta das portas dos pedidos e a dos agradecimentos, a obstinação de um, a segurança de outra, a conclusão do conto, a ilha por vezes habitada que somos, a ilha que se encontra a si mesma na busca. Houve palmas à mesa, felicitações. "É maravilhoso esse conto, José", diziam os amigos presentes. "É muito bom", insistiam, diante da desconfiança do autor. "Não exagerem, por favor, não percam o critério", respondia José Saramago sem querer dar-lhe mais importância. Enganou-se: *O conto da ilha desconhecida* encontra-se entre as obras mais traduzidas e representadas de José Saramago. Há edições ilustradas em vários países e pode ser lido em diferentes formatos: de capa dura, luxuosos, ou em edições de bolso ao alcance da maioria. Numerosas companhias teatrais, profissionais, amadoras ou escolares representaram-no e continuam a representar. Compuseram-se músicas, realizaram-se curtas-metragens, pronunciaram-se conferências: é um conto sobre o qual se escreveu em vários continentes demonstrando que para as ideias não existem fronteiras.

José Saramago começou a perceber a dimensão da recepção quando, no Rio de Janeiro, se deparou com uma representação que o comoveu e que mais tarde, em sua honra, voltaria a representar-se na Fundação José Saramago. Tratava-se de um monólogo em que a atriz assumia todos os personagens, dando-lhes vida com a expressão do corpo e com diferentes registros de voz. Voltaria a ver recriações desse conto em outros países, sempre com a mesma surpresa com que o camponês vê crescer as sementes que plantou, talvez absorvido por outras preocupações, sem dar demasiada importância ao que estava a fazer, e que uma manhã vê que a terra, até então aparentemente baldia, começa a verdejar e que em pouco tempo brotará uma colheita madura para alimentar o mundo com ela.

Uma edição de *O conto da ilha desconhecida* publicada pela Alfaguara serviu para angariar fundos a fim de ajudar as vítimas do furacão Mitch, que assolou a América Central em 2001. Quando a presidente da editora, Isabel Polanco, entregou às instituições humanitárias o valor conseguido com a venda do livro e a total colaboração dos vários setores envolvidos, autor, editorial, distribuição e livrarias, leu umas linhas de José Saramago: "Colaborando com os afetados pelo furacão Mitch não crescemos nem tranquilizamos nossas consciências, simplesmente não diminuímos a estatura que antes tínhamos". Nesse momento o livro erigir-se-ia em movimento de solidariedade que abarcou muitos leitores. O mesmo sucederia com Moçambique, quando passou o ciclone Idai. Quase duas décadas depois, no México, durante a pandemia causada pela covid-19, nove mulheres obstinadas, senhoras da cena teatral, atrizes de longa data, cada uma de sua casa e gravando com métodos muito rudimentares, interpretaram uma versão radicalmente feminista do conto que, editada em vídeo, foi lançada internacionalmente em pleno confinamento, pondo arte e sorrisos nas duras horas de solidão e medo do tempo da peste. Foi uma iniciativa genial de Valentina Sierra e da Companhia Nacional de Teatro que, tantos anos depois, demonstraram ao autor que há intuições que ajudam. Ainda que já não esteja para vê-lo.

Desde aquela Semana Santa em Lanzarote, quando José Saramago desceu de seu estúdio com umas folhas na mão, *O conto da ilha desconhecida* não deixou de viajar, mostrando que navegar em direção aos outros é um bom destino pessoal.

O sol do marmelo

Num cinema de Madri, José Saramago viu *O sol do marmelo* e quando chegou à casa, em Lanzarote, decidiu que queria plantar dois marmeleiros no jardim e dar-lhes nome. Um iria se chamar Antonio López, como o pintor que tenta apanhar um determinado raio de sol numa pintura, e o outro responderia por Víctor Erice, o realizador que se aventura na titânica tarefa de filmar o trabalho do pintor que crê que a realidade pode ser plasmada numa tela. José Saramago dizia que o processo de criação está expresso neste filme e que são mãos sábias as que o narram, as do pintor com seu pincel, as do realizador filmando a emoção, o prazer e a dor que o artista transporta quando trabalha. É um filme denso, um documentário que bem poderia ser um ensaio e que talvez recordasse a José Saramago seu início, quando escreveu *Manual de pintura e caligrafia*, romance protagonizado por um pintor consciente de suas limitações, mas disposto a continuar a experimentar, coisa que faz não tratando de deter a luz, mas procurando na escrita os caminhos que lhe pareciam vedados na pintura. Em *Manual de pintura e caligrafia* aparecem dois personagens, H, o pintor, um homem capaz de refletir sobre o que faz, e M, a mulher que indica itinerários ao pintor, companheira exigente e cúmplice. Ambos, como Antonio López e Víctor Erice, tratam de saber quem são e abordam com rigor o processo de busca que é a criação e a vida. José Saramago pensava que talvez um dia pudesse falar com Antonio López e Víctor Erice sobre esses assuntos à sombra dessas árvores e sob o sol do marmeleiro. Não foi possível: um marmeleiro mostrou ser uma macieira, e o outro, marmeleiro verdadeiro, não resistiu à doçura do clima da ilha, reclamou graus abaixo de zero, frio e chuvas, e como não o conseguiu deixou-se ir para outra realidade, a das árvores confundidas por humanos de boa vontade e poucos conhecimentos de botânica. O encontro não se deu em Lanzarote, mas o respeito pelos criadores manteve-se sempre e eles souberam-no.

O erro fatal de confundir árvores não foi o único cometido no jardim d'*A Casa*, onde os sentimentos estavam acima do senso comum. Há oliveiras portuguesas e andaluzas porque as oliveiras faziam parte da paisagem de José Saramago e ele as quis na primeira casa onde pôde semear em terra própria. Fixaram-se, ainda que com dificuldade, responderam ao interesse e ao carinho com que foram plantadas, mas sem alarde. Nem a romãzeira que lhe trouxeram de Granada chegou ao sítio certo, nem o ulmeiro cresceu. Não eram árvores apropriadas mas puro sentimento, e ninguém pode pedir aos sentimentos que deem sombra, basta a memória que vão deixando, essa que não se perde porque se renova nos olhares para o espaço que um dia ocuparam e que agora não é vazio, e sim, clara e simplesmente, o sítio onde estiveram.

A semente de alfarrobeira que era oferecida com uns sapatos, sim, vingou, cresceu, ocupou o espaço do loureiro e venceu até as palmeiras, ainda que elas jogassem em casa. José Saramago assistia assombrado à sua expansão, incapaz de tomar uma decisão que repusesse a ordem. É a árvore que se vê do exterior, junto a uma araucária transplantada de outros destinos e que num Natal fez de abeto e tão contente estava que ainda hoje se lhe nota a alegria. Ninguém entenderá o desconcerto que é o jardim d'*A Casa*, a não ser aquelas pessoas que de amor saibam alguma coisa.

Sebastião Salgado e Lélia

A Lanzarote chegaram Sebastião Salgado e Lélia, e isso significou que chegaram dois amigos com quem José Saramago vinha partilhando a vida. O casal brasileiro e universal trazia a energia de sempre, o entusiasmo invencível que os caracteriza e um projeto de que só falaram depois do almoço, quando a toalha já tinha sido retirada e a madeira da mesa estava preparada para o espalhar de fotografias que deixaram José Saramago sem respiração.

Terra seria o nome do livro que ia nascendo nesses momentos, enquanto as fotografias passavam de mão em mão e Salgado e Saramago se olhavam de frente, sem necessidade de palavras. O fotógrafo de olhos claros e luminosos retratou a dor do mundo, a vilania dos que condenam à escravidão pessoas que nasceram para ser os semelhantes dos melhores e que o sistema reduz a engrenagens de uma cadeia que apenas serve para manter o bem-estar de alguns. O livro *Trabalho*, de Sebastião Salgado, é o grito que deveria ecoar no universo enquanto o respeito não se instalar como norma de cumprimento obrigatório. *Terra*, dedicado aos camponeses sem-terra do Brasil, seria outro grito de protesto, uma chamada de atenção que contaria com um texto de José Saramago e uma canção de Chico Buarque, "Levantados do chão", homenagem aos homens e às mulheres que não aceitam a condição de servos que o sistema lhes atribui. As fotografias de Sebastião Salgado expressam o mundo e sua crueldade, também a possibilidade de ver e a esperança de mudanças. O fotógrafo não retrata museus, captura vidas e anseios em movimento, avançando. O fotógrafo não se rendeu porque sabe que essas mudanças são possíveis.

Meses depois daqueles dias de Lanzarote, Sebastião Salgado, Chico Buarque e José Saramago, sempre acompanhados pelo editor Luiz Schwarcz, apresentaram o livro no Brasil. O texto nascido na cozinha d'*A Casa* circulava pelo mundo em diferentes idiomas. Não descreve a origem da propriedade, é a origem do terror o que nesse texto José Saramago proclama e as fotos confirmam. Também existe a esperança lúcida dos seres humanos que não se resignam:

> Aconteceu que, como a terra já era povoada de filhos, filhos de filhos e filhos de netos de nossa primeira mãe e de nosso primeiro pai, alguns deles, esquecendo-se de que, sendo a morte de todos, a vida também deveria ser, começaram a traçar linhas no chão, cravar estacas, erguer muros de pedra, depois de terem anunciado que, a partir daquele momento, estava proibida (palavra nova) a entrada nos terrenos que haviam sido delimitados, sob pena de punição que, dependendo dos tempos e costumes, poderia ser morte, ou prisão, ou multa, ou, novamente, morte.

Os amigos passearam por entre vulcões e, com uma câmera pequena, Sebastião Salgado foi registando a intimidade daqueles passeios, o autor defronte, tentando abraçar uma cratera, o fotógrafo tomando perspectiva e sabendo que a terra deve ser respeitada quando alguém mostra sua paixão por ela. Falou-se da terra de Lanzarote, também do planeta, tão presente nas conversas, como presente estiveram o Brasil, a Amazônia, o reflorestamento, ou as secas que avançavam, os assuntos que os preocupavam e que foram tratados no Monumento al Campesino, lugar simbólico de respeito pela terra, ou mais tarde nos Jameos del Agua, uma antiga lixeira recuperada por iniciativa de César Manrique, hoje uma gruta maravilhosa e cheia de vida porque a vida lhe foi devolvida. Lélia e Sebastião saíram de Lanzarote com beleza acumulada para enfrentar outros destinos. Deixaram as chaves de sua casa e de seus corações sobre a mesa da cozinha, essa que havia sido testemunha de tanta sensibilidade partilhada e de tanto irredutível amor.

Vulcão El Cuervo

"Dentro da cratera esfarrapada de El Cuervo, sem darmos por isso, muitas coisas tornam-se insignificantes. Um vulcão apagado, silencioso, é uma lição de filosofia."

Cadernos de Lanzarote IVII

O escritório de cima

Depois de *A Casa* estar construída e habitada, os proprietários da parcela vizinha decidiram vendê-la à comunidade formada por José Saramago e seus cunhados, que tinham tido de ajustar suas necessidades ao espaço que a lei permitia edificar. Com a vida em marcha, era difícil que a casa pudesse crescer em largura, então se decidiu que cresceria em altura, e assim o escritório de José Saramago contaria com melhores vistas e seu trabalho ficaria mais preservado da voragem doméstica. Ou seja, depois da inauguração voltaram a entrar em casa e no espaço do escritor bandos de operários carregados de picaretas, pás, vozes sonoras e gargalhadas estrondosas. Sobre o escritório de José Saramago construiu-se outra habitação a que se acederia por uma escada em caracol que partiria justamente de onde ficava sua mesa de trabalho. "Serão poucos dias, aproveitaremos uma das muitas viagens que fazes", dizia o arquiteto da família, seguramente sem acreditar nisso. "Nem te vais aperceber, José", insistia. Pois não foi assim: a obra realizou-se com José Saramago a escrever *Todos os nomes* e o silêncio do protagonista do livro, um sr. José anônimo e solitário que procura a mulher desconhecida em arquivos frios e silenciosos ou em escolas desabitadas, foi concebido sob o ruído de máquinas que perfuravam muros e da não menos estrepitosa conversa dos trabalhadores, que nunca acabavam suas tarefas talvez porque fossem bem tratados e porque tomavam café português, esse que nunca faltava n'*A Casa*. "Há generosidades que são um disparate", comentava-se entre sorrisos quando o barulho permitia que as pessoas se ouvissem.

Acabaram o escritório e José Saramago desfrutou do mar a partir de uma ampla janela que se abria de um lado ao outro da divisão, com Fuerteventura ao fundo e a ilha de Lobos pelo meio, território singular que o escritor queria visitar, projeto não realizado porque nunca coincidiam os convites com a possibilidade de aceitá-los. "Outros farão essa viagem", dizia José Saramago quando o escritor Vázquez-Figueroa lhe falava de suas incursões pela ilha de Lobos, que conhecia bem. Tinha dormido no farol, único lugar com teto e com muitas histórias dentro, como contava o escritor vizinho quando levava José Saramago como passageiro. "Você o vê muito?", perguntaram-lhe um dia numa tertúlia literária em Madri, e Vázquez-Figueroa teve uma resposta imediata: "Vê-lo, vejo-o pouco, mas ouço-o muito: ele vai sempre no banco de trás no carro quando vamos a algum concerto, e como eu conduzo, não o vejo, só o ouço". Vázquez-Figueroa vivia também em Tías, numa casa no alto de uma colina onde se organizavam agradáveis tertúlias com amigos de diferentes países. Durante um tempo, defendeu um projeto para dessalinizar a água do mar de maneira que pudesse levar-se, de forma acessível, África adentro. José Saramago ouvia com atenção e respeitava seu sonho: "Se esse projeto for para a frente, terás o prêmio Nobel da paz, imagina que maravilha". Nunca falavam de literatura nem de livros, e sim do continente africano que Vázquez-Figueroa conhecia bem. Seus relatos, cheios de pormenores, transbordavam magia e deleitavam uma audiência que nunca se cansava, apesar de chegar sempre o momento de pôr um ponto-final, que amanhã há que trabalhar, e ambos trabalhavam muito.

Assim era: na manhã seguinte José Saramago subia para seu novo escritório, esse que havia sentido crescer palmo a palmo, com ilusão, apesar do ruído e do pó. Rodeou-se de uma seleção de livros, transportou os discos e a mesa de pinho, escolheu algumas pinturas, três sentenças da Inquisição a que o pintor Millares deu forma, e com esses materiais e o mar em frente continuou a pensar e a escrever. O livro *Todos os nomes* foi terminado ali, talvez escutasse Bach, sem dúvida olhou o horizonte que a janela lhe mostrava quando escreveu a palavra *fim* e deixou que o sr. José, que não era ele, avançasse para a escuridão e para outros encontros.

A pedra negra

Há pedras que convocam, a pedra negra do jardim de José Saramago é uma delas. Não é uma pedra pequena, como a do poema de León Felipe que Paco Ibáñez cantava e José Saramago ouvia com devoção, é uma pedra humilde que não serviria para ser pedra de um palácio, de uma igreja ou de um tribunal. Serviria, e serve, para estar num jardim com várias palmeiras em redor, sobre o *rofe* vermelho, diante de uma cadeira em que alguém está sentado, pensando, com os pés sobre a terra, ao entardecer, quando parece que tudo vai se diluir, que o sol levará consigo o dia e, com o dia, as esperanças que nele tinham se depositado.

José Saramago sentava-se diante da pedra negra e uma vez disse que talvez fosse um bom lugar para deixar suas cinzas. Por isso, o cantor português Camané, que ouviu essas palavras, decidiu cantá-las de forma memorável no fado "Já não estar", escrito nada mais, nada menos que por José Mário Branco e Manuela de Freitas, com que Miguel Gonçalves Mendes termina seu filme sobre José Saramago. As cinzas não se encontram sob a pedra negra do jardim d'*A Casa*, repousam, sim, sobre um leito de *rofe* vermelho recolhido com cuidado de debaixo da pedra negra do jardim de Lanzarote e levado para Lisboa. Há desejos que não podem realizar-se, mas a intenção cumpre o rito e, com o rito cumprido, tudo fica dito.

A pedra negra chegou ao jardim d'*A Casa* por casualidade, num carregamento de *rofe*, ou areia vulcânica, que cobriria a terra em que antes tinham sido plantadas árvores incertas, como atrás se disse, para que guardasse a umidade e pusesse sua cor vulcânica também no jardim. Quando os trabalhadores iam carregá-la de novo no caminhão, talvez para destruírem-na num processo de criação de mais *rofe*, José Saramago pediu que a deixassem e adotou-a como algo próprio para juntar, ainda que noutro lugar, à coleção de pedras que albergava em seu escritório, pedras procedentes de vários países e circunstâncias. Por exemplo, de Acteal, México, trouxe uma pedra da encosta onde 45 pessoas, entre elas sete mulheres grávidas, tinham sido assassinadas por exigir do Estado a dignidade que mereciam e por fazê-lo debaixo da bandeira do zapatismo. Da Grécia, quis conservar um seixo fundacional e também uma pedra da nascente do rio Castril, sobre o qual escreveu um belo texto. Outra pedra veio de sua aldeia, Azinhaga, no Ribatejo, outra de Timor, do lugar onde jovens ativistas foram massacrados pelo exército da Indonésia, e outra, apenas para citar algumas, chegou de uma ermida portuguesa abandonada no meio do nada, como se nenhum Deus quisesse ser recordado ali. Por isso José Saramago levou-a para casa, como um testemunho de que os seres humanos podem ter mais memória que os deuses. Essas pedras, cada uma delas, eram acariciadas por José Saramago como se abraçasse o planeta ou o universo. Os seres humanos são finitos, mas às vezes as pedras pequenas, humildes, que não servem para palácios, nem igrejas, nem tribunais, podem transportar a sensibilidade de um poeta. De León Felipe, de José Saramago, também de Paco Ibáñez ou de Camané, que as cantaram. Essas pedras pequenas que estiveram enterradas na terra a seguir cintilam, diz o poema de León Felipe. Há quem as veja brilhar em Lanzarote.

Por cima da moldura da porta há uma chapa metálica comprida e estreita, revestida de esmalte. Sobre um fundo branco, as letras negras dizem Conservatória Geral do Registo Civil.

Todos os nomes (1997)

Todos os nomes

O escritor espanhol Francisco Umbral disse em agosto de 1998 que José Saramago havia escrito uma "não história, com uns não personagens, sobre um não encontro e um não amor" e que o resultado era magnífico. "A partir deste livro", concluiu sua declaração, "José Saramago tem apenas de se sentar à porta de sua casa e esperar que lhe deem o prêmio Nobel." Mês e meio depois, a Academia Sueca anunciou que o Nobel desse ano era para José Saramago, e Francisco Umbral aclarou que não se podia esperar outra coisa, que era óbvio. O livro da "não história e dos não personagens" tem por título *Todos os nomes* e é verdade que causou certo sobressalto em Estocolmo, como contou um dos acadêmicos a José Saramago, já que não esperavam que depois de *Ensaio sobre a cegueira* aparecesse tão depressa outro título, de forma que tiveram de procurar, nos dois idiomas em que estava publicado, confirmação de que o livro alcançava a qualidade dos anteriores e que não se equivocariam outorgando-lhe o prêmio. "Confirmamo-lo", assegurou esse acadêmico a José Saramago e, para além disso, tiveram a extraordinária surpresa de distinguir um autor que com sua surpreendente atividade foi capaz de provocar um tumulto na douta instituição sueca. *Todos os nomes*, romance escrito n'*A Casa* enquanto aguentava as obras sobre sua cabeça, como já se narrou, entre viagem e viagem e com os ecos permanentes de *Ensaio sobre a cegueira* como um desafio, é um livro que nasceu coroado. Trata-se, seguramente, do título com melhor aparato crítico de toda a ampla obra de José Saramago, e é o que menos demorou a instalar-se no imaginário de seus leitores.

A procura de informação sobre as circunstâncias da morte de seu irmão fê-lo deparar-se com uma surpresa que levou para o terreno literário. Acontece que seu irmão oficialmente não estava morto, seu falecimento não figurava no registro civil, poderia permanecer nesse estado centenas de anos até que um funcionário se perguntasse o que se passava com essa pessoa que não morria apesar de ter nascido em 1920. Dessa história real surge *Todos os nomes*, o romance da procura fabulosa feita por um funcionário do registro civil, chamado sr. José, que assume como projeto de vida reconstruir o rastro de uma mulher desconhecida que acaba de morrer. Essa narração é, como disse o professor Eduardo Lourenço e se encontra na contracapa das edições em língua espanhola, "a história de amor mais intensa da literatura portuguesa de todos os tempos". Tudo é possível se no trabalho de escrever medeia a sensibilidade de um escritor que conhece a solidão e que é capaz de indagar na alma humana. O título do livro, e a inquietação que José Saramago sentia em seu interior desde que descobriu a "imortalidade" de seu irmão, ganhou forma durante as manobras de aterrissagem de seu avião em Brasília. Do céu, sentiu que todos os nomes estavam ali, na urbe que via entre nuvens, nas casas onde habitavam homens e mulheres com vidas que talvez houvesse que contar porque a pretensão do romancista é a de que nenhum suspiro fique fora das páginas escritas. *Todos os nomes*, ouviu em seu interior. Quando chegou a Lanzarote, sentou-se diante do computador e começou a teclar: "Por cima da moldura da porta há uma chapa metálica comprida e estreita, revestida de esmalte". Assim, sem assomo de emoção, deveria começar o livro que já levava avançado em seu espírito.

O sr. José, o modesto funcionário sem apelido, apenas um nome comum em que cabem todos os nomes, é o protagonista da aventura de procurar e ir encontrando. A escritora brasileira Leyla Perrone-Moisés disse: "Saramago opta pela subversão individual contra a opressão das autoridades catalogadoras, pela desordem da vida contra a desordem da morte. E tudo com um estilo que parece ter alcançado, no ápice da simplicidade, o cúmulo da sutileza. *Todos os nomes* é um desses poucos livros que merecem ser definidos como um clássico".

Nada mais a acrescentar.

Ilda Reis

Quando o telefone tocava às três da tarde n'*A Casa*, sabia-se que era Ilda Reis. Em Portugal, a essa hora já se retomara o trabalho, pois o horário para os almoços começa ao meio-dia, e normalmente às duas da tarde, quando na Espanha se começa a pôr a mesa, em Portugal já se está a tirá-la, de modo que às três costuma ser um bom momento para a conversa. Ilda Reis conhecia os diferentes habitantes d'*A Casa* e com cada um mantinha uma conversa. Eram amenas cavaqueiras sobre exposições, dúvidas, notícias gerais ou da família. José Saramago e Ilda Reis estiveram casados mais de vinte anos e tiveram uma filha, a única de ambos, Violante Reis Saramago. Ilda era pintora porque amava a pintura. Iniciou sua vida profissional como funcionária administrativa, tal como José Saramago, mas ambos sabiam que iriam construir outros destinos. Durante seu casamento com Ilda Reis, José Saramago escreveu dois romances de juventude, poderosos, em que deixa muitas pistas autobiográficas: *Terra do pecado*, assim intitulado porque ao editor não pareceu comercial o título que o autor lhe dera, *A viúva*, e *Claraboia*, que ficou sem ser publicado talvez porque o editor tenha considerado que se abordavam demasiados assuntos que ofendiam a hipócrita moral da ditadura e não quis assumir riscos por um autor praticamente desconhecido. Não publicou o livro, não deu explicações ao autor, que sofreu a humilhação do silêncio e, mesmo tendo continuado a escrever, não voltou a tentar publicar até bastantes anos depois. Ilda Reis e José Saramago continuaram sua vida como trabalhadores administrativos em diferentes empresas, ocupados ao chegar a casa, uma com o lápis e os pincéis, outro com a máquina de escrever. A vida não foi fácil para nenhum, mas nunca se renderam.

Ilda Reis morreu em janeiro de 1998. José Saramago teve dificuldades, pelas datas de fim de férias de Natal, para sair de Lanzarote, mas no final conseguiu estar com sua família. Nos *Cadernos*, deixou escritas estas palavras:

> Morreu a Ilda. A Ilda era a Ilda Reis, que nos tempos de rapariga começou a sua vida de trabalho como datilógrafa dos serviços administrativos dos Caminhos de Ferro, e depois, obrigando um corpo demasiadas vezes sofredor, esforçando a tenacidade de um espírito que as adversidades nunca conseguiriam dobrar, se entregou à vocação que faria dela um dos mais importantes gravadores portugueses. Gozou dessa felicidade substituta que o êxito costuma vender caro, mas tinha-lhe fugido o simples contentamento de viver. As suas gravuras e as suas pinturas foram em geral dramáticas, cindidas, autorreflexivas, de expressão tendencialmente esquizofrênica (diga-se sem nenhuma certeza), como se teimasse ainda em procurar uma complementaridade para sempre perdida. Fomos casados durante vinte e seis anos. Tivemos uma filha.

N'*A Casa* há várias pinturas de Ilda Reis e sobre a mesa da sala um pato de madeira que comprou para oferecer ao homem com quem havia vivido e que, apesar dos avatares da vida, nunca deixou de ser seu amigo.

Aqueles bandos

A imagem romântica do escritor que escreve rodeado de angústia, silêncio e rituais escrupulosamente cumpridos nunca se respeitou n'*A Casa* de Lanzarote. O escritor escrevia, sim, e isso sentia-se, notava-se que um ser humano se empenhava a fundo diante de sua mesa e de seu computador utilizando os materiais de que são feitos os seres humanos, sonhos, esperanças, razão e um suave senso de humor, porque nesses momentos a casa levitava um pouco. Era diferente de outras. Há quem diga que se via até um certo fulgor emanar, mas isso não está comprovado e é melhor não fazer muito caso de boatos. É verdade que o espaço do escritor era respeitado, mas nem sempre. Nos verões, por exemplo, era difícil, quando a casa se enchia de meninos e meninas que não paravam de brincar, correr, gritar, nadar. Eram crianças de fora da ilha, filhos de amigos e amigas que visitavam Lanzarote todos os anos como se cumprissem um mandamento divino, sabendo que eram sempre bem-vindos. Essas criaturas, que hoje estão espalhadas pelo mundo exercendo suas profissões, partilhavam almoços com José Saramago e tentavam suborná-lo para que os ajudasse com seus trabalhos escolares ou pedindo-lhe diretamente que lhes escrevesse as redações, "já que tu sabes escrever...". Não eram retraídos os bandos que se encontravam n'*A Casa*, eram formados por meninas e meninos de diferentes idades, gente pequena de alto falar e muito rir. Algumas, Carmen, Julia, chegaram de longe, da China, para ficar, outras e outros vinham de Sevilha, Granada, La Palma... Num fim de ano, quebraram a tradição de reunir-se no verão e todos, jovens e menos jovens, foram ver entrar o ano de 1999 em Cuba e parece que deixaram marca porque uma dedicou uns passos de dança à grande bailarina Alicia Alonso sem o mínimo pudor e outro puxou a manga de Fidel Castro para lhe entregar um doce típico de sua terra, "para veres se gostas". Depois, como se para isso tivessem nascido, tiraram uma foto diante da árvore da vida com José Saramago e Guayasamín e aprenderam a canção de Pablo Milanés, "Yolanda", para desespero da Yolanda do grupo, que nunca se livrou de que lhe cantem a música quando a veem aparecer.

Esses meninos e meninas que desciam as escadas de quatro em quatro faziam parte da vida de José Saramago nos doces verões de Lanzarote e com ele partilhavam a intimidade dos grupos bem entrosados. No entanto, foi preciso pôr limites à fluida convivência, proibir a gente pequena de subir ao escritório em horas de trabalho, por mais que tivessem uma lanterna para mostrar ou tivessem encontrado uma lagartixa verde no jardim. Em linhas gerais, cumpriram a ordem. Aconteceu, apesar de tudo, que um dos visitantes, de poucos anos, acabava de perder o pai e andava assimilando a estranha ideia da morte, de tal maneira que às vezes dizia, peremptório, que pedissem ao seu pai que voltasse desse sítio, porque estava farto de esperá-lo. Entretanto, resignado, contava tudo o que se passava a José Saramago, não ao escritor, que estava no piso de cima, aonde sabia que não podia subir, mas para uma figura que representava José Saramago feita por oleiros portugueses, uma imagem sorridente, desafiante, disposta a conversar e colocada à altura do Tito, que assim se chama o que então era o menor da casa. Essas tardes em que o Tito dizia "olha, José", e lhe contava como estava a água da praia e que tinha tropeçado numa rocha, essas tardes de gente palpitando vida e abrindo e fechando portas, essas noites de jantares ao ar livre, de misturas de idiomas e de cores, esses dias de verão estridente e multiplicados faziam também levitar a casa e, de alguma maneira, também José Saramago, tão querido por tantos, tão paciente com todos, construtor dessa outra obra que é o conviver para continuar a viver.

Filho adotivo de Lanzarote

Algumas pessoas têm a sorte de pertencer a muitos lugares, ser filhos de muitas famílias, cidades e países. José Saramago é um desses afortunados. Nasceu numa aldeia do Ribatejo, Azinhaga é seu nome, e ali passou os dois primeiros anos de vida e as férias mais belas quando, nos verões de sua infância, regressava à aldeia e vivia com os avós e a natureza, como conta em *As pequenas memórias*. Logo se fez lisboeta dos muitos bairros aos que ia chegando pelas contínuas mudanças da vida familiar. Mais tarde, começou a viajar e a sentir outras pátrias dentro de sua alma, talvez Itália fosse a primeira, talvez a seguir o Brasil, depois Espanha, acontece que, a partir de um determinado momento, caiu sobre José Saramago uma torrente de países, cidades e aldeias que o adotaram, e nesse caudal de afetos de ida e volta viveu sem renunciar a nada.

Lanzarote também o fez filho adotivo. No auditório dos Jameos del Agua, o presidente do Cabildo, Enrique Pérez Parrilla, entregou-lhe o documento que confirma oficialmente que Lanzarote é terra de José Saramago. E ali, naquela noite de estranho renascimento, o escritor reconheceu que a ilha havia feito por ele mais do que poderia devolver-lhe, quem sabe se pensando no poema que intitulou "Na ilha por vezes habitada", escrito anos antes de saber que viveria em Lanzarote:

Aí se contém toda a verdade suportável: o contorno, a vontade e os
[limites.
Podemos então dizer que somos livres [...]

Agradeceu José Saramago a nomeação, mas também alertou os que já eram de fato e de direito seus conterrâneos: o turismo, a fonte econômica que ajudaria a vida, também poderia destruí-la se não se respeitassem as específicas condições insulares. Citou o exemplo de César Manrique, que ensinou a ver Lanzarote de outra maneira e, como o artista canário, reclamou que se pusessem limites ao crescimento urbanístico, que poderia ser destruidor.

"Lanzarote atravessa um momento delicado, há demasiados olhares — alguns depredadores — sobre este tesouro, mas a ilha salvar-se-á dos excessos urbanísticos e da corrupção se os lanzarotenhos, independentemente da posição social ou política que cada um tenha, a querem como eu a quero, porque a terra, não duvidem, também Lanzarote, do que necessita é respeito e amor."

A festa foi bonita. Acabou com um concerto em que se irmanaram músicos canários e portugueses. Desfrutamos da presença de Pedro Guerra, que vinha acompanhado por Luis Pastor, e Carlos do Carmo, a doçura canária de um e a elegância portuguesa do outro, um diálogo de harmonia e palavras que envolveu o auditório, ninguém queria sair desse abraço sonoro.

No dia seguinte, Carlos do Carmo quis celebrar a festa de seus anos em Lanzarote e o lugar escolhido foi Lagomar, em Nazaret, no centro da ilha, uma casa singular escavada numa pedreira de *rofe* que a lenda diz ter sido propriedade do ator Omar Sharif, que a perdeu jogando cartas. Sharif passou algum tempo em Lanzarote na década de 1970, rodando uma série de televisão dirigida por Juan Antonio Bardem baseada n'*A ilha misteriosa*, de Júlio Verne. Lagomar, a casa, os jardins suspensos, a água circulando pelas curvas da serra, os cactos, o mar ao fundo, a explosão de amizade fizeram inesquecível essa noite, como dizia Carlos do Carmo, feliz junto de seu amigo, com Judite, com seus músicos de toda a vida e com outros portugueses que chegaram à ilha para celebrar o duplo nascimento: o que acabava de tornar José Saramago lanzarotenho e o que Carlos do Carmo transportava havia 58 proveitosos anos. Não faltaram os brindes, nem as palavras, nem os risos naquela noite mágica em que o vinho malvasia de Lanzarote, branco e misterioso, deu lugar ao Porto mais especial que chegou nas bagagens dos viajantes como a melhor surpresa. Era 1997, o mundo parecia jovem, talvez o fosse. Ainda não existia a nostalgia, os dois amigos estavam e abraçavam-se, o universo parecia benzê-los. Benzeu-os.

As viagens

José Saramago vivia em Lanzarote, mas nunca passava três semanas seguidas na ilha. Era a Europa, era a América, era o norte ou era o sul: sua relação com os outros, "o outro é como eu e tem direito a dizer eu", levava-o a acudir a locais remotos quando era chamado, tantas vezes, como última instância para resolver conflitos. Houve um dia em que um comentário frívolo ou desinformado de um jornalista espanhol o chateou como poucas vezes acontecia. O comentarista, falando de escritores que haviam ido apoiar os zapatistas no México, disse que os que tinham se deslocado até esse outro continente faziam "turismo revolucionário". A resposta de José Saramago foi mostrar um letreiro escrito com letra insegura sobre papel usado, talvez de sacos de cimento, que tinha fotografado em Acteal, Chiapas: "Quando o último de vós se for daqui, que será de nós?".

A pergunta era dirigida aos voluntários que tinham viajado para curar feridas físicas ou emocionais em homens e mulheres da comunidade tzotzil, que um dia se viu atacada por um punhado de paramilitares enquanto ouvia a missa em sua igreja, próximo de San Cristóbal de las Casas. Houve 45 mortos, a maioria mulheres, sete delas grávidas, e crianças. O pai de várias vítimas contava a José Saramago, com voz pausada, onde se escondeu o filho mais velho salvando sua vida, e uns metros mais adiante assinalava o lugar em que caiu sua mulher, atravessada pela mesma bala que matou o filho em seus braços. "Já me morreste, mulher?", perguntou-lhe enquanto ela caía sem soltar a criança ensanguentada. José Saramago e outras personalidades do mundo da cultura estiveram ali, deram seus pêsames e ajudaram a dar visibilidade a vítimas que, de outra maneira, ficariam condenadas ao silêncio.

Também acudiu a Timor-Leste quando o processo de independência da antiga colônia foi abruptamente interrompido porque a Indonésia, contrariando a resolução das Nações Unidas, pretendeu continuar a ilegítima anexação de terras e vontades timorenses, usando para isso todo tipo de violências. José Saramago integrou uma missão que se deslocou a Timor para deixar claro que o respeito pela vida das pessoas e dos países era inquestionável. Presidia à embaixada o hoje secretário-geral da ONU, António Guterres, e foram recebidos pelo arcebispo de Dili, dom Ximenes Belo, que pouco tempo antes tinha recebido o prêmio Nobel da paz por sua posição no conflito.

Outra viagem que o marcou, e de que maneira, foi a que realizou com escritores a Israel e à Palestina. Ali conviveram com refugiados palestinos que ansiavam por viver em paz nos seus territórios, e com mulheres israelenses que não queriam mais vítimas de uma guerra interminável que nem elas nem seus filhos haviam declarado. Em Israel, José Saramago fez declarações similares às que tinha feito noutros lugares onde a força das armas é usada contra populações civis, mas nesse caso tiveram mais impacto, de tal maneira que, durante muito tempo, em sua casa de Lanzarote ou em outros lugares que visitava, encontrava reações a favor e contra sua posição, às vezes efusivas, às vezes violentas. No volume *Palestina existe!*, organizado pelo jornalista Javier Ortiz, vários intelectuais deixaram clara sua posição. Com Noam Chomsky, James Petras e Edward Said, entre outros, figura José Saramago. Para nenhum deles era assunto fácil, mas nenhum deles, como fica claro no livro, renunciava à responsabilidade de ver e dizer.

Não, José Saramago não fazia "turismo revolucionário", nem sequer turismo. As viagens que continuamente o levavam de um lugar a outro tinham como fim a aproximação a outras pessoas e outras culturas, a convivência com o passado e com o presente, com o melhor que os seres humanos produziram e produzem, a arte, e também com o que a natureza oferece. Saía de Lanzarote sempre com um objetivo, a não ser quando ia a Portugal, praticamente todos os meses, mas isso não era viagem, era continuar a estar em casa. Ia muito à América, tanto a do Sul, do Norte ou do Centro. Deslocava-se pela Europa, Itália sempre, França, Alemanha, Suécia, Dinamarca, Grécia, Islândia, visitou praticamente todos os países para apresentar livros, proferir conferências, dar aulas em universidades, conviver. Esteve na África do Sul, em Angola, Moçambique, em Cabo Verde, andou por continentes grandes e ilhas pequenas, por cidades tão modernas que parecem do futuro e por aldeias onde o maior prazer continua a ser o de se sentar à porta de casa e ver entrar a noite e, com ela, as estrelas. Não conheceu o Japão, apesar de ter recebido vários convites e ter pendentes alguns doutorados honoris causa, e essa viagem não realizada deu-lhe pena, em Tóquio gostaria de ter visitado Kenzaburo Oe, o grande escritor com quem partilhou tardes agradáveis e que lia com admiração. Viajou pela Turquia e em Istambul contemplou os matizes do pôr do sol sobre as cúpulas douradas das mesquitas sabiamente guiado por Orhan Pamuk, ninguém melhor para descrever essa cidade, esse país, esse momento.

Escreveu nos *Cadernos*:

Depois das canseiras literárias, o gosto do passeio e o prazer da amizade. De comboio, atravessando planícies arrepiadas de frio, vendo passar as superfícies plúmbeas dos pântanos e dos charcos gelados (como estaria, àquela hora, a nossa ilha de Lanzarote?), viajamos de Estrasburgo para Bruxelas.

E depois, o regresso. Em 20 de novembro de 1993, deixou dito:

Regresso a Lanzarote. A impressão, intensíssima, de estar a voltar a casa.

O vinho malvasia, branco e fresco

Até chegar a Lanzarote, José Saramago bebia habitualmente vinho tinto, mas na ilha descobriu o malvasia, branco, fresco, com uma lenda. "Trouxe-o Lanceloto Malocello, o marinheiro genovês que deu nome à ilha, ali pelo século XIV", contaram-lhe no restaurante Iguaden, de Tías, aonde ia com frequência e onde se encontrava com os campeões de luta canária, homens fortes e faladores que se impunham com sua presença e com seus risos. No Iguaden, um empregado de mesa de poucas palavras, mas assertivo como poucos, foi-lhe narrando lendas relacionadas com o "melhor vinho do mundo, que nasce dos vulcões", e José Saramago decidiu conhecer melhor La Geria para estabelecer outra relação com um vinho cada vez mais habitual em sua casa.

La Geria é um exemplo perfeito de ecologia. Sob as pedras e as cinzas vulcânicas, houve uma vez uma horta, mas as erupções de 1730 arrasaram os cultivos e deixaram em seu lugar um mar de lava grande e belo, inútil para dar de comer a pessoas e animais, lua seca sem possibilidade de redenção. Ou assim parecia até que camponeses com cultura da terra decidiram percorrer a zona com cuidado, procurando vida por baixo das cinzas vulcânicas, tentando encontrar o calor das erupções, para ver se esse calor poderia ser origem de outro ciclo vital. Foi-o: descobriram que debaixo do *lapilli* havia terra, procuraram-na, semearam vinhas e a casta Malvasia entrou em La Geria e começou a assomar por entre as areias negras. Então, cada rebento foi contemplado como um milagre, e, para protegê-lo do vento norte, levantaram-se muros de pedra, espaços semicirculares, meias-luas com uma planta no centro, a videira que daria uvas, as uvas que dariam vinho, o vinho que se toma em Lanzarote e que acaricia a garganta e estremece o corpo. Há muito amor nessa forma de cultivar a terra e, mais adiante, de realizar a vindima e fazer o vinho nas adegas pequenas e amigas que se disseminam na magnífica paisagem, a que se acolhem.

Uma dessas adegas, talvez a mais antiga, pertence a uma família canário-navarra, os Otamendi, amigos de José Saramago, e donos também da biblioteca que a completa, a que um dia quiseram dar protagonismo e que com bom critério convidaram José Hierro, um poeta excelente com quem falar era sempre fácil, a também brindar e elogiar a amizade. Fizeram-no aquele dia José Hierro e José Saramago e a adega encheu-se de poesia.

É isso, vamos brindar com um malvasia fresco e deixar que o espírito estremeça. Pertencer à estirpe que foi capaz de criar um jardim a partir de uma paisagem árida é um estímulo para confiar no ser humano e em sua capacidade de viver em paz com o planeta. "Somos a memória que temos", escreveu um dia José Saramago. Viva o malvasia seco e fresco, quem me dera molhar agora os lábios com esse vinho de recorrente amabilidade.

O anúncio do Nobel

"Que se passa com toda a gente esta manhã? Parecem loucos", disse Camões a Pepe. "Vão e vêm, falando ao mesmo tempo, os telefones não param de tocar, também a campainha da porta, está chegando muita gente com câmeras, alguma coisa se passou, ninguém liga para nós, ladro e afastam-me, é como se não tivessem olhos para mim, ninguém nos teme, não entendo nada", insistia Camões para os seus colegas caninos, mais serenos embora igualmente perplexos. Então, Pepe convidou Camões e Greta para se pôr num canto da sala e observar. "Há que tomar nota do que se passa na eventualidade de termos de dar testemunho", e os três cruzaram as patas dianteiras e levantaram a cabeça em claro sinal de vigilância. E assim viram como as pessoas que se encontravam na casa e que antes tinham gritado uma palavra esquisita, algo parecido com "Nobel", logo se lançaram sobre os telefones contando sempre o mesmo, "deram o Nobel a José", e depois puseram-se a atender chamadas, porque os telefones não paravam e as pessoas da casa diziam mil vezes que José não estava, que voava de Frankfurt para Madri ou algo parecido, mas para todos os que entravam era igual que José não estivesse, queriam entrevistar fosse quem fosse, exceto a nós, porque ninguém se deu conta de que estávamos ali. Perguntavam coisas estranhas, que estava agora escrevendo José Saramago, a que horas escrevia, por que tinha ido a Frankfurt, quando regressaria, e ligavam muitos projetores para dizer uma e outra vez "ao vivo de Lanzarote", e a seguir acrescentavam que tinham de esperar que o avião aterrissasse em Madri para saber o que faria José Saramago, se ir para Lisboa ou se para a sua casa de Lanzarote, a mim me parece que voltará a Lanzarote, ele nunca fica muito tempo sem nós. Enfim, está sendo um dia muito longo, há demasiada gente em todo lado, estão batendo com os copos uns nos outros, brindam, dizem eles, como se a família tivesse se multiplicado. As pessoas que trazem microfones nas mãos contam que ligaram de Estocolmo e que deram a notícia do Nobel aos da casa minutos antes de que a rádio a transmitisse, seria assim, é igual antes ou depois, o que acontece é que está calor, que há portas batendo porque estão todas abertas para que corra o ar, ninguém está cuidando da casa, nós vigiamos, mas são demasiadas pessoas a chegar. Agora começaram a entregar flores, muitas flores, que pena não saber ler os cartões que as acompanham, devem ser ramos de amigos, de outros escritores, de companheiros. Não o disse antes, José Saramago é escritor, é nosso dono, os jornalistas repetem que lhe deram o Nobel de Literatura, que é um prêmio muito importante para os humanos, eu, do que gostaria era saber o que pensa José Saramago agora, o que lhe vai na cabeça, para que serve tudo isso. Pepe também, Greta menos, apenas quer que toda a gente saia e que ela possa ir à cozinha beber água sem que a pisem ou que lhe deixem cair um cabo em cima, tão grandes, tão pesados. Tantos cabos, e câmeras, e microfones e antenas... "Ao vivo da casa de José Saramago..." Os humanos estão loucos.

Dias depois do anúncio do prêmio Nobel, José Saramago

contou que na voragem de Frankfurt, quando lhe pediram que não embarcasse para Madri, como era sua intenção, que regressasse à Feira do Livro onde o esperavam com ansiedade, como conta Ricardo Viel em *Um país levantado em alegria*, nesses momentos únicos, de assimilação da notícia, José Saramago teve dois pensamentos: "Deram-me o Nobel, sim, e quê?". O outro era um pensamento mais doméstico, ainda que sentido com a mesma serena lucidez: "Que estará Camões fazendo agora?".

Camões esperava n'*A Casa*. Na biblioteca há várias edições de *Os lusíadas* e no escritório de José Saramago há uma gravura do genial poeta quando ainda tinha os dois olhos. No jardim, corria de um lado para o outro o animal que recebeu o nome do poeta porque chegou no momento em que anunciavam a José Saramago que havia sido galardoado com o prêmio Camões, o mais solene de Portugal. O cão tem o nome de um poeta e não é falta de respeito, é presença cotidiana. Camões era som diário na casa de José Saramago em Lanzarote. Há muitas formas de amar e agradecer.

Deveres Humanos

Naqueles dias anteriores à entrega do Nobel, quando escrevia os discursos que pronunciaria em Estocolmo, Lanzarote era a Azinhaga, e a ilha e a península Ibérica eram o mundo. Um desenho de um professor madrileno que estava a perder a vista e decidiu pintar o avô de José Saramago abraçado a uma árvore, quem sabe se numa tentativa de abraçar-se ele próprio à possibilidade de ver, deu-lhe a pista para o discurso diante da Academia Sueca. "O homem mais sábio que conheci em toda a minha vida não sabia ler nem escrever", disse diante do silêncio dos acadêmicos e a admiração dos portugueses que tinham conseguido entrar na douta casa. Viriam a seguir os personagens das diferentes obras de José Saramago, seres sem brilho social nem lugares em conselhos de administração, que procuram a mulher desconhecida, ou se levantam do chão, ou se empenham em organizar uma vida humana em plena época de epidemia de cegueira, ou navegam na direção de outros sendo jangadas que transportam terra e sonhos, esses seres de ficção que povoam a obra saramaguiana foram quem manifestou que a dimensão humana se potencia a partir da consciência e que assumir a ética da responsabilidade é um doce mandato. Assim, na noite de 10 de dezembro de 1998, diante da imensa confraria que é a Academia Nobel nessa jornada especial de entrega dos prêmios, José Saramago não podia deixar de aproveitar seus minutos de glória para recordar que o futuro social e cultural, e também o dos leitores, talvez dependa de nós e do que façamos com nossa sociedade. Este foi seu discurso depois de receber o galardão, ouvido com expectativa e amplamente comentado depois:

Majestades, alteza real, senhoras e senhores,

Cumpriram-se hoje exatamente cinquenta anos sobre a assinatura da Declaração Universal de Direitos Humanos. Não têm faltado, felizmente, comemorações à efeméride. Sabendo-se, porém, com que rapidez a atenção se fatiga quando as circunstâncias lhe impõem que se aplique ao exame de questões sérias, não é arriscado prever que o interesse público por esta comece a diminuir a partir de amanhã. Claro que nada tenho contra atos comemorativos, eu próprio contribuí para eles, modestamente, com algumas palavras. E uma vez que a data o pede e a ocasião não o desaconselha, permita-se-me que pronuncie aqui umas quantas palavras mais.

Como declaração de princípios que é, a Declaração Universal de Direitos Humanos não cria obrigações legais aos Estados, salvo se as respectivas Constituições estabelecem que os direitos fundamentais e as liberdades nelas reconhecidos serão interpretados de acordo com a Declaração. Todos sabemos, porém, que esse reconhecimento formal pode acabar por ser desvirtuado ou mesmo denegado na ação política, na gestão econômica e na realidade social. A Declaração Universal é geralmente considerada pelos poderes econômicos e pelos poderes políticos, mesmo quando presumem de democráticos, como um documento cuja importância não vai muito além do grau de boa consciência que lhes proporcione.

Nestes cinquenta anos não parece que os governos tenham feito pelos direitos humanos tudo aquilo a que, moralmente, quando não por força da lei, estavam obrigados. As injustiças multiplicam-se no mundo, as desigualdades agravam-se, a ignorância cresce, a miséria alastra. A mesma esquizofrênica humanidade que é capaz de enviar instrumentos a um planeta para estudar a composição das suas rochas assiste indiferente à morte de milhões de pessoas pela fome. Chega-se mais facilmente a Marte neste tempo do que ao nosso próprio semelhante.

Alguém não anda a cumprir o seu dever. Não andam a cumpri-lo os governos, seja porque não sabem, seja porque não podem, seja porque não querem. Ou porque não lho permitem os que efetivamente governam, as empresas multinacionais e pluricontinentais cujo poder, absolutamente não democrático, reduziu a uma casca sem conteúdo o que ainda restava de ideal de democracia. Mas também não estão a cumprir o seu dever os cidadãos que somos. Foi-nos proposta uma Declaração Universal de Direitos Humanos, e com isso julgamos ter tudo, sem repararmos que nenhuns direitos poderão subsistir sem a simetria dos deveres que lhes correspondem, o primeiro dos quais será exigir que esses direitos sejam não só reconhecidos, mas também respeitados e satisfeitos. Não é de esperar que os governos façam nos próximos cinquenta anos o que não fizeram nestes que comemoramos. Tomemos então, nós, cidadãos comuns, a palavra e a iniciativa. Com a mesma veemência e a mesma força com que reivindicarmos os nossos direitos, reivindiquemos também o dever dos nossos deveres. Talvez o mundo possa começar a tornar-se um pouco melhor.

Não estão esquecidos os agradecimentos. Em Frankfurt, onde estava no dia 8 de outubro, as primeiras palavras que disse foram para agradecer à Academia Sueca a atribuição do Prêmio Nobel de Literatura. Agradeci igualmente aos meus editores, aos meus tradutores e aos meus leitores. A todos volto a agradecer. E agora quero também agradecer aos escritores portugueses e de língua portuguesa, aos do passado e aos de agora: é por eles que as nossas literaturas existem, eu sou apenas mais um que a eles se veio juntar. Disse naquele dia que não nasci para isto, mas isto foi-me dado.

Bem hajam, portanto.

Anos depois da entrega do Nobel, a Universidade Nacional Autônoma do México (Unam) assumiu o desafio lançado por José Saramago e convocou um congresso internacional para, a partir de trabalhos prévios, elaborar a Declaração Universal de Deveres Humanos. José Saramago já não estava, mas a Fundação que leva seu nome assumiu esse projeto com a seriedade e o rigor com que o escritor leu seu discurso em Estocolmo. Em abril de 2018, o documento nascido das diferentes deliberações tomadas no México e subscrito por um conjunto representativo de personalidades foi apresentado na ONU. Seu secretário-geral, o presidente da Assembleia e a Comissão de Direitos Humanos receberam a iniciativa e encorajaram sua continuidade. "Necessitamos de uma cidadania ativa", disse António Guterres ao receber o documento e sua razão de ser. Desde então, a Declaração de Deveres está sendo tratada em vários setores da sociedade e em diferentes continentes. É um instrumento que amplia os valores da civilidade e da igualdade, e também os deveres de respeito e cuidado para com as pessoas e a natureza tão necessários, tão urgentes, tão definitivamente humanos. Quando a Declaração foi assinada no México, o reitor que a impulsionou, José Narro, disse "Obrigado, Saramago". Na noite em que José Saramago pronunciou seu discurso também se ouviu um "obrigado, Saramago" que bem pode ser entendido como um abraço.*

* A *Carta universal de deveres e obrigações dos seres humanos* será o epílogo superlativo dessas recordações da vida de José Saramago em Lanzarote: na ilha, o escritor José Saramago falou da importância dos Deveres Humanos e escreveu livros que o manifestam. É justo, portanto, reproduzir o documento neste livro.

O conflito das camisas

Os cunhados de José Saramago contavam muitas vezes uma história familiar, dos verões de então, por volta dos anos 70, em que várias gerações se reuniam na casa dos avós, numa aldeia granadina chamada Castril, e a avó, nos dias anteriores ao encontro, tentava resolver, de papel na mão, o chamado "conflito das camas". Não era fácil acomodar dezenas de pessoas, mas sempre se conseguia. O chamado conflito das camas ficou na família como um mantra e a ele se juntou, com pouco êxito, José Saramago quando lhe anunciaram que tinha recebido o prêmio Nobel e que deveria regressar à Feira do Livro de Frankfurt: "Não posso, devo ir para Lanzarote", disse, "tenho um conflito de camisas, não tenho camisas para vestir". A resposta do editor Zeferino Coelho foi imediata: "Voltas à cidade e compras mil". A partir desse momento, ao conflito das camas juntou-se o conflito das camisas: é difícil que nas reuniões da tribo dos Del Río não apareçam esses momentos históricos, com risos e piadas cada vez mais exageradas. As camas e as camisas são, ao lado de "o melão, caríssimo", frases que cruzaram a vida de gente que decidiu viver em companhia. José Saramago somou-se ao grupo e nunca se cansou de responder quando lhe perguntavam se já tinha camisas…

De Frankfurt, no dia seguinte ao do anúncio do Nobel, José Saramago viajou para Madri e ali deu, com a cumplicidade dos trabalhadores de sua editora, Alfaguara, uma impressionante conferência de imprensa. A seguir, almoçou com os responsáveis da editora e do grupo Prisa, com Jesús e Isabel Polanco à frente, e um dia depois regressou a Lanzarote, onde junto ao avião o esperavam familiares e amigos. Naquele tempo, isso era possível. A chegada a casa foi apoteótica: os vizinhos aplaudiram, os cães, excitadíssimos, não o deixavam largar a mala, os amigos tinham surpresas preparadas, malvasia fresco, peixe acabado de cozinhar e servido por restaurantes próximos, telefones tocando, telefonemas de Portugal: "E então, José, quando vens? Olha que vai um avião buscar-te, é aqui que tens de estar". E esteve. Foi à Fundação César Manrique a um último encontro com os meios de comunicação, jantou com amigos dos dois países num restaurante novo aberto por Simón, o companheiro de Pepa, colaboradora de José Saramago, e viajou para Lisboa num avião especial, fretado pelo Estado para que o regresso fosse simbólico e ficasse claro que Portugal, o país em cujo idioma trabalhava e pelo qual havia sido distinguido, mostrava orgulho e o esperava. E como o esperou: primeiro foram as instituições do Estado, o presidente Jorge Sampaio, o primeiro-ministro António Guterres, e a seguir o ato central no Centro Cultural de Belém, coordenado por Carlos Reis de quem já se falou, com leituras e palavras de outros escritores e aplausos intermináveis. Depois vieram as escolas, bibliotecas públicas, entidades cívicas. Nesses dias, José Saramago plantou árvores, assinou livros, deu entrevistas a meios de comunicação locais e internacionais, percorreu Portugal de norte a sul e sentiu-se muito bem fazendo-o. "Ganhamos o campeonato mundial de literatura", disse um sócio do Benfica numa assembleia: com o mesmo entusiasmo popular com que se recebem os campeões da seleção nacional de futebol, recebeu-se José Saramago depois do anúncio do prêmio Nobel.

E as camisas? Voltou a ter conflitos com as camisas? Voltou. É como se, por ter usado essa desculpa, tivesse convocado o conflito: por vezes suas malas chegavam a Lanzarote mais leves do que tinham saído, porque as tais peças tinham ficado em hotéis, usadas e não guardadas no lugar certo, mas o pior foi quando, numa viagem a Estocolmo, anos depois do Nobel, as deixou, esquecidas, na gaveta onde as depositara ao chegar, convenientemente dobradas e prontas para ser usadas. Um amigo, José Sasportes, então conselheiro cultural na embaixada de Portugal, fê-las chegar pouco depois porque José Saramago não quis renunciar a peças que o acompanhavam e eram objeto de tanta troça. A partir de então, foram-no mais. O conflito das camisas, bendito conflito.

Os países da América,
os seus países

"Quais eram os países da América que José Saramago preferia?", perguntam por vezes leitores que querem ouvir o nome de sua terra como resposta, essa que não se pode dar porque não está escrita em nenhum livro nem declaração, ainda que um simples "naquele em que estava nesse momento" não fosse enganoso: o mapa dos afetos de José Saramago era tão grande como a dimensão do mundo e em todos podia sentir-se em casa. É verdade que numa intervenção em Bellas Artes disse que no México era mexicano, é verdade que o Brasil era um porto frequente, que na Argentina viveu momentos excepcionais, que acompanhou o devir chileno como se ali tivesse nascido, que se ocupou da Colômbia que era pátria de gente que amava, de Cuba, onde investiu tanto afeto, do Canadá, com tantos portugueses, do sempre presente Uruguai, dos Estados Unidos, país percorrido de costa a costa, ou da Venezuela, tão unida em sua memória aos Estados Unidos, porque o golpe de Estado contra Chávez e a posterior tomada de poder pelo povo viveu-os em Nova York com a preocupação imaginável de quem não queria voltar aos anos 1960, quando as diferentes intervenções no chamado quintal traseiro norte-americano tantas fraturas provocaram. A América era seu continente e por isso pôs a navegar a península Ibérica oceano adentro, como uma jangada de pedra que se aproxima, talvez para celebrar que o passado não tenha conseguido entorpecer o futuro e que, como disse Alejo Carpentier, e José Saramago recorda nesse livro de encontros, "todo futuro é fabuloso".

José Saramago viajava muito para o continente chamado América. Nunca atribuiu a um país o nome que era de todos: não dizia América quando se referia aos Estados Unidos, nem sequer América do Norte, porque o Canadá e o México também são países norte-americanos, chamava-lhe Estados Unidos e lamentava que esse país, tão interessante em tantos aspectos, não tivesse sido capaz de cunhar um nome sonoro e rotundo como os outros. Ali, no norte, centro ou sul, foi recebido uma vez após outra. Acudia a congressos literários, a apresentações de livros, a atos culturais, a universidades e a encontros políticos ou sociais que o reclamavam por vezes como se fosse uma última instância. Nesses encontros, José Saramago expunha sua experiência e analisava o mundo de acordo com o que conhecia e com o que ia vendo e ouvindo, o que de alguma forma configurava sua maneira de ser e de pensar. Em sua última viagem à Argentina, apesar de estar incubando a doença que o faria ingressar num hospital ao voltar à Espanha, não quis deixar de acompanhar as mães e as avós da praça de Maio que iam inaugurar um monumento com os nomes dos desaparecidos. José Saramago, em cadeira de rodas, tentando levantar-se para acariciar um nome porque a mãe dizia "Olha, José, aqui está o meu filho". Seu filho desaparecido era um nome esculpido no Muro da Memória, valioso consolo que a sociedade democrática proporcionou às vítimas da ditadura militar. Que as mães também foram, como seus filhos. Em Porto Alegre, Brasil, participou no Fórum Social Mundial, extraordinária iniciativa que fez pensar que as ideias e a consciência têm força, no Chile reuniu-se com os mapuches que reivindicavam suas terras diante da ferocidade multinacional, na Colômbia manifestou-se contra as guerrilhas que sequestravam e que da extorsão e do terror faziam um modo de vida, no México esteve na entrada do movimento zapatista no Zócalo da capital federal, quando os povos nativos levantados pediram ao Estado outro tratamento, esteve José Saramago com o subcomandante Marcos na Universidade Nacional, em Cuba manifestou-se contra a pena de morte, como também fez nos Estados Unidos, foi solidário com o Movimento dos Sem-Terra no Brasil e no Uruguai encabeçou um movimento para encontrar o neto ou neta de Juan Gelman. Encontraram-na, Gelman tinha uma neta e pôde conviver com ela e sentir que o filho e a nora mantinham seu rasto em muitos corações e numa pessoa chamada Macarena.

Em muitas universidades americanas José Saramago recebeu doutorados honoris causa: do Uruguai ao Canadá, em espanhol, português ou inglês, falou-se do vigor da literatura portuguesa representada por um escritor que sempre se sentiu devedor de seus antepassados, aos que citava em suas intervenções como fez em sua obra, basta recordar que para contar a história de Luís Vaz de Camões escreveu a peça de teatro *Que farei com este livro?*, mais tarde escreveu sobre Pessoa em *O ano da morte de Ricardo Reis*, e, no final de sua vida, o livro que não chegou a terminar levava por título um verso de Gil Vicente: *Alabardas, alabardas, espingardas, espingardas*. Recebeu prêmios, partilhou serões, desfrutou da companhia de seus pares à largura e altura de todo o continente. Os encontros com Sabato ou Claudia Piñeiro, para citar duas gerações argentinas, ou com Jorge Amado e Zélia Gattai, ou Nélida Piñón, Rubem Fonseca, Chico Buarque, Lili Schwarcz e tantos outros no Brasil, ou com Carlos Fuentes e Silvia no México. E ali também com Gabriel García Márquez e Mercedes, Ángeles Mastretta, Laura Restrepo e Carmen Lira, Sealtiel Alatriste e Edna, Elena Poniatowska, Sergio Ramírez e Tulita, Lilia e Chema Pérez Gay, Carlos Monsivais, Helena e Eduardo Galeano eram autênticas festas que se prolongavam pela noite e se sucediam de continente em continente. Ou nos Estados Unidos com Barbara Probst Solomon, Norman Mailer e Susan Sontag ou Harold Bloom, amigos com quem partilhava memórias e inquietudes. Uma profusão de alegria entre pessoas que se seguiam, entendiam e conviviam a partir de todas as pluralidades. Depois, quando chegava o final da viagem, José Saramago regressava a Lanzarote trazendo um acumular de experiências que ficavam plantadas n'*A Casa*, no jardim e no coração dos que o ouviam contar. Então descansava entre as paredes que lhe devolviam a paz necessária para se sentir um homem afortunado e, olhando o horizonte, comentava que o destino é voltar sempre. *A Casa* esperava-o e ainda hoje guarda sua presença.

O homem que conduz a camioneta chama-se Cipriano Algor, é oleiro de profissão e tem sessenta e quatro anos, posto que à vista pareça menos idoso.

A caverna (2000)

A caverna

Um dia, num congresso literário na Universidade de Alberta, no Canadá, José Saramago visitou um centro comercial e ficou assombrado: o mundo inteiro estava ali, tinha praias e árvores, selva tropical e pistas de gelo, ruas, esplanadas, parques para crianças e, obviamente, todas as lojas e todas as marcas do Oriente e do Ocidente. Era um lugar limpo, seguro, agradável, construído para que os consumidores fossem felizes. Os consumidores. Mais tarde, em conversas com amigos, José Saramago comentou que as antigas catedrais e as universidades tinham dado lugar ao centro comercial, e que esses templos de consumo são os que convocam, estimulam e, de alguma maneira, formam os homens e as mulheres deste tempo. Aquela visita marcou José Saramago, tal como a leitura de uma notícia insólita, de que alguém havia pedido que suas cinzas fossem espalhadas num centro comercial, "o lugar onde tinha sido mais feliz". Por outro lado, a visita a um museu de Arte Popular no Brasil e a confirmação do desaparecimento de alguns ofícios, como o de oleiro, e os anúncios da construção de um grande centro comercial na entrada de Lisboa converteram-se em peças que iam encaixando e construindo-se como a base de um livro a que por nada deste mundo quereria renunciar, apesar das obrigações do Nobel.

Nesses dias apareceram na vida de José Saramago pessoas que até aí não estavam e chegaram convites tentadores para que, de alguma forma, passasse para a outra margem do sistema. Alguns cortejos que até então não teriam sido verossímeis produziram-se, houve portas que se abriram como que tocadas por magia e tudo isso fê-lo pensar na caverna de Platão, se realmente se vê a realidade ou se é a projeção da realidade sutilmente planificada o que impera no mundo e nas diferentes circunstâncias dos seres humanos. Então, quando chegou a Lanzarote, pôs-se a escrever *A caverna*, um romance em que se narra a perplexidade de um ser humano que trabalhou com suas mãos e sua sensibilidade e que de repente se dá conta de que já não há lugar para ele na sociedade tecnificada onde o que produz, e o que é, deixa de ter utilidade. O oleiro e seu cão Encontrado viverão uma série de peripécias em torno de um centro comercial, haverá personagens e situações diferentes, haverá o amor possível e as aventuras que a cotidianidade nos apresenta, haverá memória, mitos e lendas, haverá um final inesperado, será um romance de resposta aos que perguntavam quem seria José Saramago depois do Nobel: pois olhem, um ser humano capaz de escrever sobre um humilde oleiro.

Em muitos lugares, muitas pessoas entenderam que esse livro se poderia ler também como um pacto, um abraço. O autor de *Levantado do chão* estava ali e continuava a escrever. Essa obra, *A caverna*, foi lida e comentada em numerosos países, mas na América Latina foi recebida de forma especial. Talvez seja necessário lê-la e relê-la para compreender certas solidões dos leitores e como alguns livros — sendo ficção, sendo literatura — acompanham e sustêm. José Saramago escreveu *A caverna* olhando as figuras de barro criadas por Dorotea, oleira de Lanzarote, um homem e uma mulher nus, capazes de fertilidade e de vida e, talvez, desejando essa mesma fertilidade criativa para a humanidade de que fazia parte. Em sua casa, celebrou-se o final desse livro com emoção e muitos abraços. "Terminei o livro", disse. Era já noite escura, mas até o céu se iluminou.

O sentido de Lanzarote

"Não imaginava que a mais profunda comoção estética da minha vida, aquele inesquecível estremecimento que um dia, há muitos anos, me sacudiu da cabeça aos pés quando me achei diante da porta que Miguel Ângelo desenhou para a Biblioteca Lorenziana, em Florença, não imaginava então que esse abalo de todo o meu ser alguma vez viesse a repetir-se, muito menos diante de uma paisagem natural, por mais bela e dramática que fosse, e nem por sombras admitiria que a impressão que ela pudesse causar-me lograsse ser tão avassaladora como a que havia experimentado, num mágico instante de deslumbramento, pela virtude do que, desde esse dia — não uma escultura, não uma cúpula, mas uma simples porta —, tinha passado a ser, para mim, a obra suprema do Buonarroti. E, contudo, assim sucedeu. Quando os meus olhos, atônitos e maravilhados, viram pela primeira vez Timanfaya, quando percorreram e acariciaram o perfil das suas crateras e a paz quase angustiante do seu Vale da Tranquilidade, quando as minhas mãos tocaram a aspereza da lava petrificada, quando das alturas da Montanha Rajada pude perceber o esforço demente dos fogos subterrâneos do globo como se eu próprio os tivesse acendido para com eles romper e dilacerar a atormentada pele da terra, quando tudo isto vi, quando tudo isto senti, achei que deveria agradecer à sorte, ao acaso, à ventura, a esse não sei quê, não sei quem, a essa espécie de predestinação que vai conduzindo os nossos passos, o privilégio de ter contemplado na minha vida, não uma, mas duas vezes, a beleza absoluta."

O caderno do ano do Nobel, 28 de abril de 1998

Música numa cratera

Esses concertos eram aguardados com expectativa: saía-se de casa ainda com sol, metiam-se no carro umas almofadas e umas mantas e seguia-se o caminho do vulcão del Cuervo, talvez um dos locais preferidos de José Saramago. A partir de certa altura, os carros deveriam ficar na estrada e as pessoas, com suas mantas e almofadas, caminhavam por um caminho de *rofe* até onde os vulcões esperam, ainda fora do parque de Timanfaya, mas já em zona de fogo, lugar diferente da terra de onde se vinha, como se de repente se tivesse mudado de planeta. No final do caminho, impunha-se a cratera em que iria ter lugar o concerto e a sensação de irrealidade acentuava-se enquanto se desdobravam mantas no chão e se procurava lugar entre as rochas vulcânicas. Pouco depois, o sol chegaria ao sítio certo e então, em frente, junto à parede mais alta da cratera, começaria a soar uma harpa, logo outro tanger com ressonâncias eletrônicas, e um outro, não eram sons dos que habitam na memória. É o festival de música de vanguarda, é Brian Eno, *Summer Island* descreve o que está a passar-se, essa nuvem que se alonga lentamente, o calor que sobe da terra e acaricia, os ecos que rodeiam o mundo, perdão, a cratera do vulcão apagado mas presente, as pessoas que escutam com respeito, juntas, expectantes, como se de um momento para o outro o futuro fosse desvendar seu mistério.

Depois, após o concerto e os aplausos já apaziguados, com a noite por cima, fazendo uso de lanternas entre o negro do céu e o da terra, as pessoas regressam aos carros que as devolverão a suas casas. José Saramago vai feliz como qualquer outro: a vida permitiu-lhe sentir de outra maneira, gozar durante uns instantes da vivência do infinito, do infinito, átomos em movimento num espaço sem fim desde uma cratera de Lanzarote, sob estrelas assombradas. Esse sentimento acompanhou-o durante toda a sua vida.

Jornalistas

Ao longo dos anos, foram numerosos os jornalistas que passaram por Lanzarote para entrevistar José Saramago. De todos os idiomas, países e meios de comunicação, homens e mulheres perguntaram e perguntaram e José Saramago foi respondendo a uns e a outras porque reconhecia que o profissional que tinha em frente não era responsável pelo cansaço do escritor. Essa atitude de respeito vê-se claramente no *Caderno do ano do Nobel*, o diário de 1998, quando, depois de receber a notícia de que lhe haviam outorgado o Nobel, teve de receber o aluvião de entrevistadores que tinham sido agendados. Fê-lo com amabilidade, mas não havia tempo para tomar um café com cada jornalista ou para partilhar algo mais pessoal que os fugazes minutos atribuídos pelos que organizavam o programa do escritor. Então, José Saramago anotou todos os nomes dos jornalistas e deixou-os escritos em seu diário: escrever os nomes era o maior ato de reconhecimento que nesses dias apressados poderia realizar.

Os primeiros jornalistas que aterraram em Lanzarote procurando José Saramago eram portugueses que queriam saber onde se havia metido o autor de *Levantado do chão*, esse que tinha escrito grandes obras sobre Portugal, como *Memorial do convento* ou *O ano da morte de Ricardo Reis*, de quem se supunha que nunca poderia viver fora de seu idioma e de sua terra natal. Chegavam ávidos de ver o que havia em Lanzarote para ser tão sedutora, alguns eram jovens e abordavam a viagem como uma aventura, outros, a maioria, companheiros de vida, escritores como ele que queriam perceber. Fernando Assis Pacheco, José Carlos Vasconcelos, Clara Ferreira Alves, o já citado Baptista-Bastos foram alguns camaradas que, viajando para Lanzarote, encheram de gozo o espírito de José Saramago e que, ao partirem, foram entendendo as chaves que fazem com que um homem maduro saia de seu ambiente e entre num mundo novo. Que o esperava, se é verdade a epígrafe que escreveu em *A viagem do elefante*: "Sempre chegamos ao sítio onde nos esperam".

As entrevistas a José Saramago estão publicadas em livros, podem ser lidas na internet, circulam pelo mundo, dão uma ideia do pensamento do escritor e de sua nunca dispensada atenção a situações de conflito social e político. Um livro de Fernando Gómez Aguilera, *José Saramago nas suas palavras*, reúne de forma organizada os grandes eixos do discurso público de José Saramago a partir das entrevistas que foi concedendo em vários países e idiomas. É outra maneira de aproximação ao autor a quem nada resultava indiferente nem provocava medo. Por isso, quando um dia lhe ligaram da revista *Playboy* do Brasil, houve risos em sua casa: "Vão fazer-te uma entrevista erótico-sentimental", diziam-lhe os que com ele trabalhavam, embora todos conhecessem o histórico de grandes reportagens dessa revista nos vários países em que se publica. José Saramago aceitou a conversa sem duvidar, a pessoa que viajaria do Brasil seria Humberto Werneck, escritor brasileiro muito conhecido e que José Saramago respeitava. Foi uma longa conversa, com passeio pela ilha incluído. Humberto Werneck percorreu a biografia do entrevistado com a mesma atenção com que repassou os objetos da casa e as características que fazem de Lanzarote um lugar que prende. Em modo de homenagem a todos os profissionais que contaram os dias de José Saramago em Lanzarote, aqui ficam fragmentos da entrevista à *Playboy*, que José Saramago reproduziu completa em seu *Caderno do ano do Nobel*:

Por que Lanzarote?

Nós tínhamos estado aqui no ano anterior e gostamos muito. [...]

Uma mudança como essa traz problemas de adaptação...

Sim, mas adapto-me muito facilmente a situações novas.

E é chegado a experiências tardias na vida, não?

Tenho de reconhecer que as coisas boas da minha vida aconteceram um pouco tarde. Quando publico o *Memorial do convento*, em 1982, estou com sessenta anos, e com sessenta anos o escritor normalmente tem sua obra feita. Não é que não continue, mas a parte central da sua obra já está feita. Eu tinha alguns livros, mas é com o *Memorial do convento* que tudo ganha outra força.

Sua estreia foi lá atrás, aos 25 anos.

Tenho um livro que foi reeditado agora — o meu editor teimou e a minha mulher ajudou nisso —, um romance que publiquei em 1947. Chama-se *Terra do pecado*. Não está mal escrito, mas tem pouco a ver comigo hoje. Ainda escrevi um outro livrinho [o romance *Claraboia*], que está por aí, mas, enfim...

Não será publicado?

Em vida minha, não. Depois, se quiserem...

Do que se trata?

É a história de um prédio onde há seis inquilinos, e é como se por cima da escada houvesse uma claraboia por onde o narrador vê o que se passa embaixo. Não está mal, mas não quero que publiquem.

Depois de Terra do pecado, *o senhor ficou quase vinte anos sem escrever. O que houve?*

Se eu tivesse tido êxito com aquele primeiro livro... Mas também seria difícil esperar que tivesse. Vivi sempre muito isolado, nunca pertenci a grupos literários, pelas próprias condições sociais em que vivia, sem grandes meios. Sou uma pessoa que não passou pela universidade, portanto não criou amigos nessa roda que se supõe ser de intelectuais. Vivi sempre assim, à margem.

Sua formação literária foi um pouco errática, não é?

Nem sequer errática [ri]... Eu diria condicionada pela minha situação material. Depois da instituição primária, entrei no liceu [ginásio], onde estive só dois anos. A família não podia levar-me até o fim do curso. A partir daí, estive numa escola industrial e tirei o curso de serralharia e mecânica. E aos dezessete, dezoito anos fui trabalhar numa oficina de automóveis, onde estive por dois anos.

O que fazia lá?

Desmontava e consertava motores, regulava válvulas, condicionava, mudava juntas de motores. Agora, o que há talvez de importante aí é que nesse curso industrial havia uma disciplina de literatura, coisa um pouco estranha, e que me abriu o mundo da literatura.

Seu primeiro livro foi mal recebido?

Não. Mas é um livro entre muitos, não tem muita importância. Naquele impulso ainda escrevi *Claraboia*. Não sei se àquela altura tive consciência de que não tinha grandes coisas para dizer e que, portanto, não valia a pena. O melhor que me aconteceu foi ter uma vida suficientemente longa para que aquilo que tinha de chegar chegasse.

Dá a impressão de que o escritor tem um manancial que pode ser explorado seja na juventude, seja na idade madura. Pode-se dizer que está jorrando agora uma coisa que ficou represada?

Se esse manancial existia, pelo menos eu não tinha consciência dele. Nunca fiz uma lista de assuntos e disse: "Vou fazer tudo isso". Cada vez que acabo um livro, fico sem saber o que vai acontecer depois. Cheguei ao ponto a que cheguei dando um passo de cada vez, e esses passos não estavam planejados. Agora, isso tem outra vantagem: me dá uma sensação de... não quero dizer de juventude, mas de...

... *vitalidade.*

Talvez de uma capacidade imaginativa que pode não ser muito comum quando se chega à idade que tenho. Provavelmente é isso que me leva a dizer: "Que sorte eu tive, de tudo o que tinha a fazer de mais importante estar a fazê-lo nesta fase da minha vida". Porque, se tivesse feito aos cinquenta anos, provavelmente agora não tivesse mais nada para dizer. Se nós tivéssemos a certeza de ter uma vida longa, talvez valesse a pena guardar para a parte final dela aquilo que temos realmente para fazer. É a circunstância em que nós nos achamos que nos obriga a decidir, e há dois momentos importantíssimos na minha vida. Um é o aparecimento da Pilar. Foi um mundo novo que se abriu. O outro foi em 1975, quando era diretor-adjunto do *Diário de Notícias* e, por causa de um movimento que se pode chamar de contragolpe [político], fui posto na rua.

O que foi que houve?

No dia 25 de novembro de 1975 há, de uma parte dos militares, uma intervenção que suspende o curso da revolução [a chamada "Revolução dos Cravos", que em 25 de abril de 1974 pôs fim a 48 anos de ditadura salazarista] tal como ela vinha se desenvolvendo e que põe um travão àquilo que estava a ser o movimento popular. Foi o primeiro sinal de que Portugal iria entrar na "normalidade". O jornal pertencia ao Estado e os responsáveis, então, demitem a redação e a administração. E aí é que tomo a decisão de não procurar trabalho. Tinha muitos inimigos e não era fácil que fosse encontrar trabalho. Mas nem sequer tentei.

Inimigos no mundo jornalístico ou no mundo das letras?

Inimigos nas letras eu tenho é agora. Àquela altura eu não era ninguém.

O senhor se considerava um jornalista ou um escritor?

Nunca me considerei um jornalista. Porque entrei nos jornais sempre pela porta da administração, nunca pela porta da redação. Nunca fiz uma entrevista, uma reportagem, nunca escrevi uma notícia. Também é certo que não me considerava tão escritor assim, porque aquilo que tinha feito não me dava um estatuto de escritor. No fundo, era apenas alguém que estava à espera de que as pedras do *puzzle* do destino — supondo-se que haja destino, não creio que haja — se organizassem. É preciso que cada um de nós ponha sua própria pedra, e a que eu pus foi esta: "Não vou procurar trabalho". Tinha uma ideia vaga, queria escrever um livro sobre a vida dos camponeses. Comecei a pensar o que faria sobre o lugar onde nasci, mas as circunstâncias me levaram para o Alentejo. Fui para lá em 1976, fiquei semanas ouvindo pessoas, tomando notas, e isso veio a dar no livro *Levantado do chão*, que se publicou em 1980.

O que pretendia quando começou a escrever? Fama? Dinheiro?

Eu não queria nada. Queria apenas escrever. E quanto a isso de querer ser rico, eu nem agora penso em ser rico.

O senhor não está rico?

Não. Ao olhar para estas paredes, digo: "Estão feitas com livros". Não tenho bens de outra natureza.

Humberto Werneck saiu contente d'*A Casa* e de Lanzarote, como contou mais tarde. Com a sensação de ter partilhado tempo com alguém que respeitava a profissão jornalística porque a entendia. E precisamente por respeito, José Saramago nunca comentava com os autores as entrevistas que lhe tinham feito, não dava seu ponto de vista, afirmava que ele não era crítico de seus entrevistadores ou de suas entrevistas. Nem sequer comentava as críticas literárias, fossem positivas ou negativas: dizia que qualquer comentário poderia coagir a liberdade para o livro seguinte e não se pronunciava, nem sequer para agradecer. Maneiras de estar na vida.

Uga

Para ir de Tías ao Parque Nacional de Timanfaya passa-se por Uga, um conjunto de casas e palmeiras que confirmam que quem está em Lanzarote está realmente em outro mundo. José Saramago não passava por Uga sem comentar a beleza, ainda que partilhando sempre um estranho silêncio, como se cruzar essa paisagem fosse algo religioso. Não podia saber, quando chegou a Lanzarote, que Uga seria um dos portos de abrigo mais frequentes porque ali vivem amigos com quem compartilhou dias e noites inesquecíveis. A Casa de Manuel Medina e Loli conserva a estrutura de casa rural que avós ou bisavós de Medina recuperaram tornando compatível o respeito por uma forma de vida ligada à terra com a educação que possibilitou o acesso ao ensino universitário de muitos dos membros da família. Manuel Medina é catedrático na Complutense de Madri, foi professor convidado em universidades norte-americanas e europeias e durante várias legislaturas foi deputado e eurodeputado pelo Partido Socialista Operário Espanhol (PSOE). Loli Palliser é advogada, procede de ambiente urbano mas é capaz de cuidar de plantas como se para isso tivesse nascido. Militante socialista, como o marido, abandonou a advocacia durante uns anos e dedicou-se profissionalmente à atividade política. Foi conselheira de Turismo do governo das Canárias num tempo em que as mulheres não acediam a esses cargos. De fato, a andaluza Amparo Rubiales e ela foram as duas primeiras mulheres a ter assento em conselhos do governo de Espanha, cada uma em sua comunidade autônoma.

Loli e Manuel, em sua casa de Uga, foram epicentro de reuniões festivas que alegraram a vida da ilha. Por sua casa passaram cineastas como os irmãos Bertolucci, escritores como Alberto Vázquez-Figueroa, políticos como Enrique Barón Crespo, pintores como Pepe Dámaso e Sofía Gandarias, empresários e jornalistas de primeira ordem, alguns que foram alunos de Manuel, outros que o conheciam e reconheciam por sua atividade política. As noites de verão em Uga não terminavam, ou terminavam em volta do piano, ou na cozinha, que não é grande, mas que conta com um forno que solta o cheiro de pão que se cozeu durante séculos. Nessa casa singular, José Saramago esteve contente. Não coincidiu ali com César Manrique, mas as paredes devolveram-lhe a alegria acumulada, nascida do empenho de compartir sendo felizes uns e outros.

O homem que acabou de entrar na loja para alugar um filme tem no seu bilhete de identidade um nome nada comum, de um sabor clássico que o tempo veio a tornar rançoso, nada menos que Tertuliano Máximo Afonso.

O homem duplicado (2002)

O homem duplicado

Estava a barbear-se uma manhã e vendo sua imagem refletida no espelho José Saramago perguntou-se se seria suportável que existisse alguém exatamente igual a si mesmo. Para responder a essa pergunta, precisou escrever *O homem duplicado*, mais de trezentas páginas inquietantes em que a procura e a obsessão se cruzam com a vida e a morte. Esse livro não deu muito trabalho a José Saramago, escreveu-o sem sobressaltos, sem grandes paragens, compatibilizando viagens, a escrita de artigos, algumas conferências pelo mundo, e, sobretudo, com o gozo da vida cotidiana em Lanzarote. Tertuliano Máximo Afonso, o professor de história que descobre num filme alguém idêntico a si e decide desvendar o mistério que tal semelhança supôs, apesar de suas manias de homem solitário e obsessivo, foi uma companhia agradável para o escritor. O mesmo não se passou com o ator Daniel Santa-Clara, com quem o autor nunca se entendeu. José Saramago contava com amigos no mundo do cinema, e no entanto jamais havia mergulhado nesses meandros para construir um personagem de ficção. A réplica do professor Tertuliano Máximo Afonso não foi simples, o ator escapava-se como se representasse um papel diferente ao que o autor lhe outorgara, era um jogo lúcido e complexo que os profissionais do cinema e do teatro souberam ver e talvez seja por isso que é uma das obras mais representadas. José Saramago ficou fortemente impressionado com a insistência de algumas produtoras de renome que solicitavam os direitos de adaptação do romance. Por fidelidade com a produtora que tinha realizado o filme baseado em *Ensaio sobre a cegueira*, concedeu os direitos aos canadenses da Rhombus Media. O filme, inquietante como o livro, é uma adaptação livre intitulada *Enemy*. É dirigida por Dennis Villeneuve e protagonizada por Jake Gyllenhaal. José Saramago não chegou a vê-la, ainda que tenha ouvido as explicações dadas pelo roteirista, Javier Gullón, com quem insistia que, sendo narrações diferentes a literária e a cinematográfica, não deveria haver reservas de fidelidade e outras repressões. "A liberdade, Sancho, é um dos mais preciosos dons que os céus deram aos homens", escreveu Miguel de Cervantes, frase que se repetia nessas e outras conversas, n'*A Casa* de Lanzarote, casa feita de livros como ficou dito.

José Saramago escrevia em português, era seu idioma e sua bandeira. Algumas vezes escrevia artigos diretamente em francês, outras, poucas, em espanhol, mas na sua casa o idioma que se sentia era o português, embora à sua volta se falasse num sonoro castelhano. Ou seja, José Saramago escrevia em português e esse era o idioma oficial das obras literárias que se produziam, ainda que em simultâneo se estivesse a produzir a cerimônia da tradução para espanhol. Carlos Fuentes definiu o trabalho que viu ser feito n'*A Casa* como um interessante jogo de espelhos, um diálogo sem palavras, as páginas olhando-se diferentes, embora iguais, diante do silêncio dos que as haviam datilografado. Não eram obras duplicadas, eram a mesma obra, *O homem duplicado*, dois idiomas assistindo ao desdobramento do personagem central, seguindo seus passos, suas peripécias, seus desencontros, seus objetivos, a frivolidade de um, a ansiedade do outro, a mesma cara, a pergunta milhões de vezes formulada, quem somos, que fazemos aqui, para que esse louco percurso. "O caos é uma ordem por decifrar", inventou José Saramago e atribuiu a frase ao autor desconhecido de um inexistente *Livro dos contrários*. Assim são os escritores, umas vezes inventam heterônimos, outras, personagens, a verdade é que não deixam de fazer estremecer os leitores. Benditos sejam.

O cinema

Houve épocas em que José Saramago ia todos os dias ao cinema, como testemunham as anotações em suas agendas. Partilhava com Rafael Alberti aquele grito poético que alguém se tatuou muito depois: "Nasci no século do cinema, respeitai-me". Via muito cinema europeu, também norte-americano, brasileiro, japonês… Claro que seguia o cinema português, na sua casa viam-se títulos históricos como *O Costa do Castelo* e outros modernos, que estimava, como *Recordações da casa amarela*, do grande João César Monteiro. Admirava cineastas portugueses, que, para além do mais, eram amigos, como António-Pedro Vasconcelos, Pedro Costa ou Fernando Lopes. Manoel de Oliveira, um dos grandes do cinema europeu, esteve em Lanzarote quando já se aproximava dos cem anos e desconcertou tudo e todos porque nadou pelas manhãs em mar aberto e não dispensou uma caminhada de vários quilômetros apesar do vento da Costa Teguise.

O cinema espanhol chegou tarde à sua vida, mas chegou, que é o mais importante. Eram muitos os realizadores que admirava e com alguns estabeleceu uma relação de amizade. Nomes? Já se falou de Victor Erice e de sua frustrada ideia de que um marmeleiro crescesse no jardim d'*A Casa*, também de Pedro Almodóvar, a quem escreveu dizendo "com *Volver* roçaste a beleza total". Havia também José Luis García Sánchez, que lhe dedicou um de seus filmes, *Suspiros de España y de Portugal*, e que viajou a Lanzarote para estreá-lo numa sessão a que também assistiu Alfredo Kraus, que tinha casa perto da de José Saramago. E Montxo Armendáriz, com quem foi ao Festival Internacional de Cinema de San Sebastián para a estreia de *Obaba*, baseado no livro de Bernardo Atxaga, tão amigo, e García Berlanga, com *La vaquilla*, mil vezes projetado n'*A Casa*. E Alejandro Amenábar, que conhecia de *Mar adentro* e que lhe enviou *Ágora* para que o visse antes da estreia e que, apesar da aparente frialdade do filme, viu emocionado. Havia Mario Camus, que quis fazer uma série de televisão a partir de *Levantado do chão* e que chegou a escrever o roteiro, mas a televisão espanhola fez marcha atrás sem explicações, frustrando um trabalho que tinha traços de ser excelente, como excelente em grau superlativo era *Los santos inocentes*, tantas vezes visto na sala de Lanzarote. E Pilar Miró, sempre amiga, que rodou seu último filme, *El perro del hortelano*, em Portugal, e Gutiérrez Aragón, que levou José Saramago à Complutense de Madri e o pôs a discutir cinema com meia profissão, e Josefina Molina, com quem trabalhou na série *Esta es mi Tierra*. Também admirava Isabel Coixet e seu *Vida secreta de las palabras*, e Carlos Saura, pura beleza, e Fernando León de Aranoa, apaixonado sem reservas pelo *Às segundas ao sol* e com quem viajou pelo México, tantas e tantos realizadores com quem sentia uma especial ligação, como se partilhassem um certo olhar e manejassem os mesmos instrumentos. Não era assim, ou talvez sim, quem sabe, o certo é que em casa de José Saramago havia filmes de culto, o cinema de Akira Kurosawa, o de Fellini, Visconti ou Bertolucci, e dos grandes europeus que emigraram para os Estados Unidos. Havia títulos que se viam umas vezes para entender as luzes e outras as sombras, uns pelos diálogos, outros para seguir a mão que dirige e vê, outros ainda para contemplar, com admiração, a magia da interpretação.

Um jornalista perguntou um verão, nas clássicas e amenas entrevistas de quando não há notícias, quais seriam os cinco títulos que salvaria de um incêndio. Esta foi a resposta:

Cinco filmes me foi pedido que recordasse. Não teria de preocupar-me se seriam ou não os melhores, os mais famosos, os mais citados. Bastaria que me tivessem impressionado de maneira particular, como nos impressiona um olhar, um gesto, uma entonação de voz. Escolhê-los não foi difícil, pelo contrário, apresentaram-se-me com toda a naturalidade, como se não tivesse andado a pensar noutra coisa. Ei-los, então, mas a ordem por que os menciono não é nem deve ser tomada como uma classificação por mérito. Em primeiro lugar (algum teria de abrir a lista), *O sal da terra* de Herbert Biberman, que vi em Paris no final dos anos 70 e que me comoveu até às lágrimas: a história da greve dos mineiros chicanos e das suas corajosas mulheres abalou-me até ao mais profundo do espírito. Cito a seguir *Blade Runner* de Ridley Scott, visto também em Paris num pequeno cinema do Quartier Latin pouco tempo depois da sua estreia mundial e que, nessa altura, não parecia prometer um grande futuro. Sobre *Amarcord* de Fellini, desse, ninguém teve nunca dúvidas, estava ali uma obra-prima absoluta, para mim talvez o melhor dos filmes do mestre italiano. E agora vem *A regra do jogo* de Jean Renoir, que me deslumbrou pela montagem impecável, pela direção de atores, pelo ritmo, pela finura, pelo "tempo", enfim. E, para terminar, um filme que me acode à memória como se viesse da primeira noite da história dos contos à lareira, *Pat & Patachon* moleiros, aqueles sublimes (não exagero) atores dinamarqueses que me fizeram rir (tinha então seis ou sete anos) como nenhum outro. Nem Chaplin, nem Buster

Keaton, nem Harold Lloyd, nem Laurel e Hardy. Quem não viu *Pat & Patachon* não pode saber o que perdeu...

Vários títulos de José Saramago foram levados ao cinema. Durante muito tempo, o escritor repetia que cinema e literatura eram linhas paralelas e não queria falar de adaptações. Tudo mudou por um equívoco: uma professora da Universidade de Nova York, Yvette Biro, pediu autorização para escrever um roteiro, que leria como um ensaio acadêmico, a partir d'*A jangada de pedra*. O que chamou a atenção de José Saramago foi que uma húngara radicada nos Estados Unidos quisesse fazer uma experiência com um romance de um português que desloca a península Ibérica e a põe a navegar mar adentro. Concedeu a autorização e um dia recebeu a notícia de que um diretor de cinema holandês tinha aceitado realizá-la. José Saramago ficou sem argumentos e aí começou sua história com o cinema. Depois de *A jangada de pedra* de George Sluizer, chegou *Ensaio sobre a cegueira*, de Fernando Meirelles, que emocionou José Saramago até às lágrimas, e depois António Ferreira assinou *Embargo*, um filme português que merece mais difusão e que José Saramago já não conseguiu ver. Do Canadá chegou também o já citado *Enemy*, baseado em *O homem duplicado*. O último, estreado já em plena pandemia, foi *O ano da morte de Ricardo Reis*, do diretor português João Botelho, filme e série de televisão que circulam pelo mundo.

Depois, na vida de José Saramago em Lanzarote, apareceu Miguel Gonçalves Mendes, jovem cineasta português que fez com que o escritor fosse ator de si mesmo, mas esse é outro capítulo, e muito forte. Fica para outro dia.

Comprar o pão

Não era um trabalho difícil, mas era seu trabalho: atravessar Tías para ir à padaria e comprar o pão. Pouco depois descobriu uma loja ecológica em que vendiam pães diferentes, negros, com sementes, ao gosto alemão, diziam-lhe, e José Saramago adotou esse pão como se fosse um louro saxão dos que se iam mudando para a ilha para viver, não para passar uns dias. O escritor ia comprar o pão e observava as mudanças em sua povoação, as lojas que abriam, os novos supermercados, os restaurantes de comida rápida, outra farmácia, a loja de ferragens cada vez mais concorrida porque estavam sendo construídas muitas casas em Tías, não hotéis, esses cresciam de um dia para o outro em Puerto del Carmen, na antiga Tiñosa, que também ia perdendo suas casas de antanho, essas que pareciam nascidas do mar, ou, melhor, que esperavam na margem do mar o sustento e os homens que tinham ido buscá--lo. As casas que se fabricavam em Tías — fabricar é o nome que se dá à construção — adaptavam-se às diferentes culturas de onde procediam seus moradores, casas de noruegueses com motivos nórdicos no jardim, casas de suecos com bandeira e gnomos travessos nas janelas, britânicos que abriam um pub onde antes havia uma agência dos Correios que também servia de loja de alimentos e onde se vendiam um quarto de quilo de açúcar e meio de lentilhas.

Tías ia mudando, José Saramago via-o quando regressava da Loja Verde ou da padaria San Antonio com o pão na mão e encontrava Marga. "Apresento-te minha veterinária", disse José Saramago a Carlos, ao tio Carlos, como lhe chamavam os cunhados, que passava uns dias em Lanzarote, e como resposta recebeu um rotundo "E tu, por que não tens um médico como toda a gente?", acontecimento que anos depois continua a ser recordado. Carlos é médico, mas não defendia a profissão, aproveitava simplesmente para fazer uma brincadeira porque a seriedade e o rigor convivem bem com o uso dessa magnífica atribuição humana que é o bom humor. Em seus passeios também encontrava Florencio, que era taxista e autarca, com quem muito no início subiu à ermida da Candelária, com o dono do restaurante La Casona, que anos depois ainda se lembra do prato que José Saramago pedia e ao qual deu seu nome, e com José Juan, antigo e atual autarca, que assistia admirado à mudança de livros d'*A Casa* para a biblioteca de José Saramago, um edifício airoso construído no terreno contíguo que ia ser casa de uns suecos que acabaram por desistir da ideia.

Quando regressava à casa, trazia sempre novidades. Olhava as ruas limpas como coisa própria, e, se via um papel ou uma lata abandonada, recolhia-os e depositava-os num caixote do lixo. Essa história chegou a ser mencionada nos discursos oficiais, quando foi nomeado Filho Predileto de Tías, algo tão pequeno, tão insignificante, que no entanto contribui para manter limpo o mundo. Claro, parava na papelaria, nunca perdeu o gozo infantil de comprar um lápis ou um caderno, ia à bomba de gasolina comprar os semanários, já que a imprensa diária lhe chegava diretamente a casa, e media a paisagem a partir de diferentes lugares, e assim sabia que o planeta estava em ordem. Durante anos, houve umas cabras perto da casa, num curral improvisado que hoje é uma vivenda, e depois de comer, enquanto os outros se ocupavam de restabelecer a ordem na cozinha, José Saramago levava os restos orgânicos às cabras, que conseguia distinguir e a quem deu nome. Quando, sem aviso prévio, as retiraram dali, sentiu-o como se lhe faltasse algo de seu. "Onde estarão essas cabras, espero que estejam bem e que tenham doses de fruta fresca", dizia quando passava pelo ninho vazio.

José Saramago não dirigia, de modo que fazia tudo a pé, e daí que conhecesse as pedras das ruas, as roseiras que floresciam e os bonecos de pedra das casas nórdicas. Esses passeios também permitiram contatos com pessoas que não eram de seu círculo profissional, pessoas com quem se encontrava na naturalidade da rua ou na bonomia da compra do pão. Às vezes saía com os cães, pouco, porque muito cedo se negaram à humilhação das coleiras, e portanto passeava sozinho, e Pepe, Greta e Camões esperavam-no à porta do jardim, impacientes, como se fizesse anos que não o viam e só havia se passado uma hora. De vez em quando, levava-lhes presentes: então os cães esqueciam o amor e, desavergonhados, sem sequer o cumprimentarem, ocupavam-se das guloseimas enquanto o dono se sentava para trabalhar e talvez refletir sobre a efêmera paixão canina, se o livro que tivesse entre mãos não o reclamasse antes, coisa que costumava acontecer para bem dos leitores.

Sabato

Ernesto Sabato e Elvira ficaram uma semana na casa de José Saramago. Sabato era calado, reservado, como se lhe infundisse respeito a figura de seu colega português, mais alto que ele, menos tímido, ainda que de nenhum dos dois se pudesse dizer que fosse expansivo. Visitar José Saramago converteu-se num de seus últimos desejos realizados. Os dois escritores percorreram a ilha, visitaram a Fundação César Manrique, receberam o apoio e a atenção dos que a dirigem, comeram peixe fresco em restaurantes da costa e atreveram-se com as *garbanzas* de Uga, outro lugar que prende por sua estranha e inesperada beleza. Ernesto Sabato contou a visita a Lanzarote em seu *Espanha nos diários da minha velhice*, esse que começa assim: "Há sempre máscaras; exceto quando a dor, a raiva ou a gratidão devastadora desnudam nossa alma".

Nesses dias em Lanzarote, Sabato recordou seus anos de juventude. Falava muito, sobretudo quando, depois dos almoços, José Saramago se retirava para trabalhar e Elvira aproveitava para desfrutar de uma pequena, e muito merecida, sesta. Então Ernesto Sabato, diante de um auditório jovem e interessado, desfiava suas emoções, perguntava, recorria à memória a partir de uma nuvem, uma árvore, os passos seguros de José Saramago, "se eu tivesse tido essa figura…", os latidos de um cão ou um de seus livros, que esses dias estavam por todos os espaços da casa.

Aconteceu também uma coisa inesperada. Um jovem andaluz, então aprendiz de escritor, aproximou-se d'*A Casa* procurando a boa sorte de, ainda que fosse através de uma janela, ver José Saramago. Viu-o e bem: abriu-se a porta da casa e apareceram Sabato e Saramago conversando amigavelmente, e ele, tímido, surpreendido, observava do outro lado da rua enquanto entravam num carro que os esperava. E que nunca arrancava. Então, Elvira aproxima-se e pergunta ao jovem se sabe dirigir e se pode dar uma ajuda. O passo seguinte foi o de o aprendiz de escritor, já com nome, Diego Mesa, conduzir o carro e levar Ernesto Sabato, Elvira e José Saramago para um belo passeio por La Geria, essa paisagem metade criação da natureza, metade criação humana, que tanto lhes deu que falar. Diego Mesa, como disse anos depois, não pôde esquecer a tarde em que conduziu os autores de *Informe sobre cegos* e *Ensaio sobre a cegueira* pelas terras de Lanzarote como se o tempo não existisse. Sua tese de doutorado versou sobre a obra de José Saramago e o conceito de cidadania. Quem sabe que chaves descobriu naquele insólito passeio o motorista silencioso de duas pessoas que explicavam o mundo a partir da vibração sonora de uma ilha e de umas terras vulcânicas. A tarde, que nasceu para ser tranquila, acabou por ser radiante.

Mau tempo para votar, queixou-se o presidente da mesa da assembleia eleitoral número catorze depois de fechar com violência o guarda-chuva empapado e despir uma gabardina que de pouco lhe havia servido durante o esbaforido trote de quarenta metros desde o lugar onde havia deixado o carro até à porta por onde, com o coração a saltar-lhe da boca, acabava de entrar.

Ensaio sobre a lucidez (2004)

Ensaio sobre a lucidez

O livro começa com uma frase que alguns leitores, como uma piscadela de olhos, repetiram quando, havendo eleições à vista, o dia se apresentava com demasiado calor, frio, vento, chuva ou, em tempos recentes, para complicar ainda mais os processos eleitorais, com uma pandemia que aterroriza os cidadãos. "Mau tempo para votar", repetiam parodiando o início do livro ao sair de casa para depositar a cédula. Que no *Ensaio sobre a lucidez* era um voto em branco porque os cidadãos do país sem nome onde tem lugar a ação não confiavam nos candidatos dos partidos de esquerda, direita ou do partido do meio, como ironicamente denomina os que a si mesmos se reivindicam equidistantes ou simplesmente tíbios. "Mau tempo para escrever", repete-se nesse ano de 2003 na casa de José Saramago, com a agenda repleta de viagens, intervenções, compromissos inevitáveis sem, aparentemente, espaço para mais nada. E a escrita? Pois aí está, o livro saiu na data definida, quem sabe com que esforço.

Regressa José Saramago a Lanzarote com experiências acumuladas de viagens por diferentes continentes — África, América,

Ásia, também Europa — e com muitas perguntas: "Onde está, neste ou naquele sítio, a democracia, que é o governo do povo para o povo? Valoriza-se o conceito de cidadania ou é o negócio que manda? Está a preparar-se um mundo para consumidores e quem não tenha capacidade para consumir será definitivamente marginalizado? Onde estão os valores do Humanismo que se apresentaram como salvadores? O que ficou da ideia de progresso, que era abrangente e universal? Será que a cegueira persiste?". Com essas perguntas, sentava-se em frente ao computador, no espírito estava sua observação do mundo, as vozes que lhe chegavam, os gritos e também aspirações de mudança, tantas vezes expressados em manifestações que ultrapassavam os códigos estabelecidos. José Saramago põe-se a escrever e conta uma história de sublevação cívica, de voto de protesto e de exigência de outras políticas. Há choques de poder nesse livro, o poder cidadão e o poder institucional, contam-se divergências, há jovens que perguntam quem foi e, como em todas as ficções de José Saramago, a realidade é poética e livre, portanto não há que explicar como se acendem as luzes das casas quando o poder quer amparar-se na obscuridade ou como o silêncio de milhares de pessoas diante da sede da presidência pode ser ensurdecedor. Também há esperança em muitas páginas, talvez não em todas porque a obstinada atualidade às vezes impõe-se e desarma até os espíritos mais vigorosos. O fato é que conseguiu terminar o livro em Lanzarote e quando, à mesa, rodeado das pessoas com quem habitualmente compartilhava os dias, leu a epígrafe e o final do romance, a comoção impôs-se, deram-se as boas-vindas ao novo livro com brindes, sem palavras, talvez para dissimular a estranha emoção que se apoderou de todos e que entenderão os que o tenham lido. "Uivemos, disse o cão", é a epígrafe, atribuída a um misterioso *Livro das vozes*. As que José Saramago não queria que faltassem nunca.

O livro apresentou-se primeiro em Lisboa, depois, como todos os títulos nascidos em Lanzarote, teve um lançamento especial na Fundação César Manrique. Ocorreu que em março de 2004 houve um terrível atentado em Madri, na Estação de Atocha, com quase duzentos mortos, e em *Ensaio sobre a lucidez*, recém-publicado na Espanha, narra-se um atentado numa estação ferroviária, de modo que essa coincidência foi lida com sobressalto. Tanto o atentado da Espanha como o que se conta no livro desconcertaram os cidadãos porque houve quem se empenhasse, na realidade e na ficção, em confundir a opinião pública — e publicada — tentando buscar benefícios eleitorais no crime. Para que não reste nenhuma dúvida, clarifica-se já que os terroristas do Onze de Março em Madri, fundamentalistas da Al-Qaeda, não se inspiraram no atentado descrito por José Saramago, nem seria possível pelas datas, nem necessitam de inspiração: seu manual terrorista, como se demonstrou no Onze de Setembro de 2001, foi elaborado por peritos em crime carentes de humanidade e de empatia.

Como é lógico, José Saramago esteve nas manifestações de repúdio pelo atentado e de solidariedade com as vítimas, tanto em Madri como em Lanzarote. Pilar Manjón, mãe de um jovem assassinado em Atocha, foi a voz das vítimas no Congresso de Deputados. Sua intervenção comoveu o país inteiro como nunca, em alguma circunstância, se havia visto e sentido. José Saramago seguiu a intervenção pela televisão e, como tantos milhões de pessoas, não pôde conter as lágrimas. Pela valentia de seu discurso e pela clareza de suas ideias, Pilar Manjón é um exemplo de dignidade que ainda hoje, tantos anos depois, comove. José Saramago chegou a partilhar momentos de profunda solidariedade com ela.

A apresentação de *Ensaio sobre a lucidez* em Lisboa foi um atrativo debate político, que se realizou num grande auditório e que convocou mais leitores do que os que cabiam na sala. O cartaz de apresentadores era de luxo: Mário Soares, que tinha sido presidente da República, Marcelo Rebelo de Sousa, que viria a sê-lo mais tarde, ainda que então não se soubesse, e o reitor da Universidade de Lisboa, José Barata-Moura. O editor, Zeferino Coelho, abriu o ato recordando que se apresentava uma ficção, mas esta ficou de lado, os três políticos que eram os apresentadores envolveram-se numa discussão acerca do voto em branco e a gravidade de escrever elogiando essa possibilidade, que seria o fim do sistema. José Saramago fez o papel de provocador nessa noite, não disse que o voto em branco da ficção se produzia no mesmo lugar onde antes houvera uma cegueira branca, não falou de literatura, limitou-se a pôr na mesa dados de processos eleitorais no mundo, por exemplo, a abstenção crescente, e deixou que os políticos falassem. Falaram, e muito. Manifestaram-se contradições e debilidades do sistema e a necessidade de intervenção dos cidadãos para que ele não seja esmagado. O voto em branco ficou como aviso, não como recomendação. Os políticos da mesa e os que estavam na sala, alguns representantes máximos de partidos, respiraram aliviados. Entre outros dos que assistiam houve piscadelas de olhos. A literatura, essa maravilha.

Unamuno em Fuerteventura

Um dia, José Saramago decidiu que precisava ir a Fuerteventura saudar Miguel de Unamuno, que esteve ali desterrado, deixou memória e uma estátua que em outras viagens não tinha sido visitada. José Saramago não gostava de estátuas, embora dissesse que eram úteis para os pombos e que serviam para que alguém, chegado o dia, as retirasse, mas também sabia que às vezes os seres humanos não encontram outra maneira de expressar agradecimento senão levantando em pedra a imagem que talvez levem nos corações e na memória. Foi assim que se empreendeu a viagem à ilha vizinha na companhia de Amparo Rubiales e Víctor Pérez Escolano, amigos de Sevilha. O trajeto até Fuerteventura é cômodo: menos de uma hora num ferry, o mar estava calmo e azul, a ilha de Lobos foi contemplada de perto. "Espero vir algum dia a esta ilhota e subir ao farol", disse José Saramago uma vez mais, como sempre que passava perto, o que nunca conseguiu fazer. Pouco depois, o barco atracava em Corralejo e começava o percurso pela terra que José Saramago via de sua janela, como destino, Unamuno. A estátua encontra-se a sul da aldeia de Tindaya, em Montaña Quemada, um antigo vulcão de terra vermelha, paisagem árida, onde se chega com facilidade se não nos enganamos no caminho, coisa que aconteceu naquele dia muitas vezes e com muitos risos e com indicações contraditórias. Chegou-se finalmente. Ao pé do vulcão aparece um Unamuno alto, vestido como se fosse proferir uma conferência na Universidade de Salamanca, da qual foi reitor, sério e rotundo, desafiando a pequenez dos que o desterraram sem entender que um pensador como ele não poderia nunca ser calado. Diante de sua imagem, leu-se um poema do livro *De Fuerteventura a París*, que Unamuno escreveu anos depois de sair da ilha:

> Ruina de volcán esta montaña
> por la sed descarnada y tan desnuda,
> que la desolación completa muda
> de esta isla sufrida y ermitaña.
>
> La mar piadosa con su espuma baña
> las uñas de sus pies y la esquinuda
> camella rumía allí la aulaga ruda
> con cuatro patas colosal araña.
>
> Pellas de gofio, pan en esqueleto,
> forma a estos hombres — lo demás conducto —
> y en este suelo de escorial escueto,
>
> Arraigado en las piedras, gris y enjuto,
> como pasó el abuelo pasa el nieto
> sin hojas, dando solo flor y fruto.

Era a melhor homenagem ao autor de *Por tierras de Portugal y de España*, ou nisso acreditavam: enquanto comentavam pormenores da vida e da obra do grande intelectual que foi Unamuno, eles, que tinham chegado de carro, deram-se conta de que caminhando, ou, melhor dizendo, escalando, viam um casal de jovens, com suas mochilas e um estranho saco de onde tiraram, quando já estavam diante da estátua, um ramo de flores. "É que somos bascos e ele também", disseram com a maior naturalidade. Nesse momento, sim, José Saramago gostou de estátuas, gostou dessa, tão grande, tão fora de mão, capaz de convocar emoções e maravilhar. O grupo de Lanzarote abandonou discretamente o lugar, ali ficaram os dois jovens bascos, ainda ontem adolescentes, sentados aos pés da estátua, construindo sua história. Então, José Saramago repetiu os dois últimos versos do poema de Miguel de Unamuno, olhando-os, quem sabe que pensamentos tinha enquanto recitava "como passou o avô passa o neto/ sem folhas, dando apenas flor e fruto".

Nesse dia, também Fuerteventura pôde levitar e talvez tenha levitado.

A Fundação César Manrique

Sem a Fundação César Manrique, a vida de José Saramago em Lanzarote não teria sido a que foi. César Manrique e José Saramago não se encontraram por uma questão de dias, já se disse, mas José Juan Ramírez, presidente da fundação, e seu diretor, Fernando Gómez Aguilera, ao oferecerem sua amizade e colaboração, abriram a José Saramago possibilidades afetivas que não esperava e que nunca se cansou de agradecer.

José Juan Ramírez e Fernando Gómez Aguilera chegaram à vida de José Saramago para ficar, ainda que não tivessem essa intenção quando tocaram à porta d'*A Casa*. Como acontece nos grandes momentos, não chegaram para pedir mas para oferecer, queriam que José Saramago se vinculasse à Fundação César Manrique como membro do Conselho de Honra, e José Saramago respondeu que a honra seria sua. Foi assim, dessa forma tão simples, que o escritor português deu mais um passo para o interior de Lanzarote. A Fundação César Manrique converteu-se em outro lar, ali escutava conferências deslumbrantes e encontrava ou reencontrava criadores de primeiro nível internacional que viajavam para a ilha respondendo a convites de uma entidade, a Fundação César Manrique, que nunca teve medo dos sonhos nem de abordar projetos que iam para além da dimensão insular e até nacional. Na magnífica sala da exposição permanente na sede, em Taro de Tahiche, convertida num auditório com arte, José Saramago apresentou todos os livros escritos na ilha, cada vez com um apresentador diferente, mas sempre oficiados por Fernando Gómez Aguilera, autor da exposição *A consistência dos sonhos*, impressionante percurso pela vida e obra de José Saramago que teve abertura em Lanzarote, viajando depois para Lisboa, para o Palácio da Ajuda, depois para o Brasil, mostrando-se no Instituto Tomie Ohtake de São Paulo e que, já sem José Saramago, desembarcou no México, no Colégio de San Ildefonso.

A organização dessa exposição sobre José Saramago teve consequências fundamentais que nem o autor biografado nem seu organizador poderiam ter previsto. Ninguém se aventuraria a pensar que daquelas conversas iniciais iria nascer a Fundação José Saramago, também a organização e disposição do legado do escritor e a escolha da pessoa em quem José Saramago depositou toda a sua confiança. Fê-lo em vida, deixou-o decidido para quando já não estivesse. De alguma forma, Fernando Gómez Aguilera é o guardião de José Saramago, a ele entregou os documentos que possuía, obras de juventude, reflexões de maturidade, correspondência, notas soltas, uma parte da vida desorganizada que José Saramago entendeu que deixava em boas mãos.

Para organizar a exposição *A consistência dos sonhos*, a Fundação César Manrique realizou um esforço de sistematização rigoroso e brilhante. O catálogo, assinado por Fernando Gómez Aguilera, é matéria fundamental no estudo da obra de José Saramago no mundo: citado em teses doutorais, imprescindível nas biografias que se escrevem sobre o autor, base para qualquer trabalho jornalístico, há que passar por *A consistência dos sonhos* para entender a dimensão da vida de José Saramago. Que ficou desconcertado quando viu o resultado desse trabalho: "Tanta coisa...", disse, sem entrar em avaliações sobre sua vida, e sim sobre o esforço intelectual de Fernando Gómez Aguilera, seu colaborador mais próximo, confidente e amigo.

A Fundação César Manrique, já se disse, foi fundamental na vida do escritor em Lanzarote, o qual, procurando a natureza, se deparou também com a arte e não pôde separar os conceitos. José Saramago recriava-se junto da equipe de trabalhadoras e trabalhadores da fundação, sempre disponíveis, quando entrava para visitar uma exposição ou para ouvir uma conferência, ou simplesmente para acompanhar os amigos que vinham à ilha, e que sem falta ali levava. Sem a Fundação César Manrique, Lanzarote não seria o que é. A fidelidade ao legado de César, amplificado por novas sensibilidades e pelo inquestionável amor dos que a dirigem e ali trabalham, faz voar a ilha, no que é uma maneira de salvar o mundo de tanta fealdade. Há territórios com sorte. Lanzarote é um deles.

Alguns políticos passaram pel'*A Casa*

A filiação política de José Saramago sempre foi clara: era militante de base do Partido Comunista Português, filiou-se em plena ditadura de Salazar, nunca se afastou. Sabia o que implicava a militância, o porquê e para quê, por isso nunca perdeu sua liberdade de critério. Votava e às vezes era votado porque chegou a integrar, em lugares não elegíveis, as listas do PCP ao Parlamento. Foi eleito uma vez: os dois partidos de esquerda do arco parlamentar em Portugal, o Partido Socialista e o Partido Comunista, formaram uma coligação para a Câmara Municipal de Lisboa, em 1989, que foi encabeçada por Jorge Sampaio e José Saramago. A coligação "Por Lisboa", assim se chamava, foi eleita e durante uns meses José Saramago presidiu à Assembleia Municipal da capital portuguesa. Uns meses apenas porque o confronto partidário, o dia a dia da gestão política municipal não formavam parte de sua maneira de estar na vida, pelo que apresentou a demissão ao que já era seu amigo e nunca deixou de sê-lo, o autarca Jorge Sampaio, que mais tarde seria presidente da República e que nessa dupla condição o acompanhou a Estocolmo quando recebeu o prêmio

Nobel de literatura. O respeito que José Saramago sentia pela política autárquica resulta sem dúvida de sua passagem pela Câmara Municipal de Lisboa: ali entendeu a dureza dessa função, absolutamente necessária, nem sempre bem explicada e por isso nem sempre bem entendida.

Como já se disse, Mário Soares foi o primeiro representante político que esteve n'*A Casa*, depois, por amizade e respeito, outros homens e mulheres da coisa pública sentaram-se na mesa da cozinha para comer o já famoso *bacalhau com todos* ou uns grãos à moda de Lanzarote. José Luis Rodríguez Zapatero foi um deles, uma pessoa afável de quem José Saramago se aproximou ainda antes de ganhar as eleições quando um dia foram apresentados em Saragoça. Pouco depois, Zapatero passou umas férias em Lanzarote, mais tarde celebraram-se as eleições e o já presidente do governo de Espanha não esqueceu que, contra todas as sondagens, n'*A Casa* não se duvidou da vitória socialista e voltou para a celebrarem juntos. José Luis Rodríguez Zapatero foi ficando em Lanzarote de tal forma que na atualidade se sente mais um na ilha onde passa temporadas cada vez maiores.

Carme Chacón era outra visita assídua de Lanzarote, e também amiga de José Saramago. Tardes de confidências, de sonhos políticos, de frustrações comentadas, de projetos: alinhavam-se comentários como se a vida fosse eterna e ambos não fossem provocar um vazio tão grande como o que deixaram na sociedade e em tantos corações. Foi José Saramago quem deu a notícia a um grupo de amigas que jantavam n'*A Casa* de que Carme Chacón, grávida de sete meses, tinha sido nomeada ministra da Defesa, a primeira mulher ministra da Defesa em Espanha, e juntou-se à alegria das amigas que brindavam por Carme, como se o sucesso de sua gestão dependesse da intensidade com que a nomeação era acolhida. Uma mulher, essa mulher, era um símbolo e a confirmação de que avançar é possível. Em Carme Chacón encontravam-se lealdade e amizade. E um sorriso que abraçava.

Também Santiago Carrillo aceitou um convite de José Saramago para passar uns dias n'*A Casa*. Tinham se conhecido nos cursos de verão de San Lorenzo del Escorial anos antes, visitaram-se em Madri, coincidiram em outras cidades e, finalmente, Santiago e Carmen desembarcaram em Lanzarote para conversar, olhar o caminho percorrido, sentir a passagem do tempo e perceber com nitidez as dimensões humanas que às vezes parecem inabarcáveis e não o são, porque tudo tem princípio e fim, como o mundo. A Santiago Carrillo interessava-lhe a história recente de Portugal e perguntava. A José Saramago interessava-lhe o exílio republicano espanhol e perguntava, eram duas curiosidades confrontadas, duas fontes de informação que iam contando como se o tempo tivesse parado. Ambos seduziam os que ouviam esse frente a frente inimaginável uns dias antes, mais ninguém intervinha nas conversas, nem sequer para avisar de que, no calor do diálogo, Santiago Carrillo ia apagando os cigarros fora do cinzeiro. Quando Santiago e Carmen saíram de Lanzarote deixaram muitas confidências, emoções e toalhas esburacadas. Assim é a amizade.

Também Sérgio Ribeiro, destacado dirigente do Partido Comunista Português e velho amigo de José Saramago, passou pel'*A Casa*. Àquela altura, em 1995, Sérgio Ribeiro era eurodeputado e organizou um encontro em Lanzarote com o grupo da Esquerda Unitária Europeia para falar de literatura e compromisso social, assunto que interessava sobremaneira a José Saramago. O encontro teve lugar no Castelo de San José, em Arrecife. Entre outros eurodeputados, esteve Alonso Puerta, nome cimeiro do socialismo espanhol e protagonista de várias e famosas polêmicas. José Saramago aproveitou a ocasião para dizer, uma vez mais, que o escritor não pode se esconder nem se amparar numa falsa neutralidade: "Depois de deixar o mundo, o escritor será julgado por *aquilo que fez*. Enquanto está vivo, reclamamos o direito de julgá-lo também por *aquilo que é*".

E assim sendo, ia José Saramago dialogando com seus contemporâneos.

No dia seguinte ninguém morreu.

As intermitências da morte (2005)

As intermitências da morte

O homem que via tanto quando escrevia tinha problemas de visão quando escrevia. Os olhos não acompanhavam José Saramago, sempre empenhado em ver para além dos limites, ainda que com a ajuda de óculos com lentes em que cabiam muitas dioptrias. Talvez as cataratas que lhe apareceram em dois momentos-chave de seu trabalho fossem sinais de alerta que o escritor não ouviu, mas teve de dar atenção a dois descolamentos de retina, um em Roma, em meio a uma greve de trabalhadores da saúde, o que desaconselhou uma operação na Itália, e outro em Lanzarote, que o obrigou a deslocar-se a Barcelona. Na clínica Barraquer, onde lhe tratavam a vista desde a morte do dr. Márcio dos Santos, seu médico de Lisboa, detectaram-lhe, nas análises anteriores à operação aos olhos, que sofria de leucemia. "Não se preocupe, não morrerá disso", acrescentou o cirurgião chefe da equipe médica. José Saramago acreditou nele, não sofreu de ansiedades nem depressões, simplesmente começou a escrever *As intermitências da morte*. Essa foi a origem do livro, a que logo se juntaram as perguntas habituais: e se nunca se morresse? E se a morte não existisse? Poderíamos resistir a um futuro sem morte? Então escreveu "No dia seguinte ninguém morreu" e foi procurando as respostas de que precisava ao longo de mais de trezentas páginas, também para confrontar sua situação pessoal. Ter recebido essa notícia não lhe mudaria a vida, mas a notícia, o ditame, estava ali, não podia deixar de estar.

Nenhum dos protagonistas dos livros de José Saramago era músico, sendo a música um elemento tão importante em sua vida e sua obra, chegando a ponto de haver quem diga que ao virar certas páginas se ouve Bach. Então, José Saramago elegeu um músico como contraponto para a morte, um violoncelista de uma grande orquestra que um dia deveria receber uma carta de cor violeta em que se anunciaria o fim de sua vida. Não a receberá, o músico, sem ser consciente disso, acabará por ser a única pessoa viva capaz de fazer estremecer a morte e vencê-la. Pela música e pelo amor.

A história de *As intermitências da morte* decorre num país sem nome, o mesmo em que um dia rebentou uma epidemia de cegueira branca e onde mais tarde os eleitores saíram de suas casas e, sem o combinarem, decidiram votar em branco fazendo com que o sistema tremesse. Nesse país, um dia a morte decide deixar de matar e o caos que se segue à celebração precisou de muitas páginas para ser descrito. A epígrafe desse livro pertence a um suposto *Livro das previsões* e diz assim: "Saberemos cada vez menos o que é um ser humano". José Saramago refletia sobre a condição humana e também sobre seu destino, o seu, o da humanidade. Nessas circunstâncias, seu romance seguinte não poderia ser outro senão *A viagem do elefante* e a possibilidade de chegar ao lugar onde nos esperam. Disso se trata, de chegar.

Entretanto, o violoncelista continuará a tocar na orquestra nacional desse país sem nome, fará os solos que lhe correspondem, talvez sem a mesma intensidade daquela noite em que descobriu que uma mulher solitária o olhava de um camarote com as mãos cruzadas sobre o peito. Nunca saberá, nem ninguém poderá dizer a ele, porque assim é a ficção, que essa mulher lhe restituiu a vida enquanto aos leitores de José Saramago oferecia um grande final.

A FIL de Guadalajara

Que feliz teria sido José Saramago se existisse uma ponte aérea entre Lanzarote e o México, essa grande viagem, com escalas, dura, que no entanto não se cansava de repetir. Viajava para o México para o lançamento de seus livros, para participar em congressos, como convidado da Cátedra Júlio Cortázar, para ver amigos, para algum doutorado honoris causa, por solidariedade com os povos originários, para encontrar-se com o subcomandante Marcos e, sobretudo, para a Feira do Livro de Guadalajara: a cada novembro, José Saramago fazia a mala, despedia-se de Greta, Pepe e Camões e viajava para a FIL, onde sempre o esperavam doces surpresas.

José Saramago não estava entre os escritores patronos da FIL desde a primeira hora, mas sim entre os que chegaram depois. Carlos Fuentes foi o primeiro a encorajá-lo, depois García Márquez e pouco depois o diretor da feira, Raúl Padilla. Claro, também seus editores no México, com Sealtiel Alatriste à frente, e os editores espanhóis, com Juan Cruz no comando, ou seja, em todas as esquinas do mundo literário uma voz dizia-lhe "junta-te". E juntou-se. Será suficiente dizer que o fez com tanta entrega que a experiência mexicana foi das melhores de sua vida de escritor.

José Saramago chegava a Guadalajara e entregavam-lhe o "mapa dos afetos", como se chamava a agenda de impossível gestão que, apesar de tudo, ia se cumprindo dia a dia. Incluía entrevistas, apresentações de outros escritores, conferências na universidade, sessões no recinto da feira e fora dele, e numerosos jantares com companheiros de diferentes países, a possibilidade de conhecer outras culturas, de ouvir outros sotaques, de experimentar no cansaço do próprio corpo a grandeza do universo literário. A Feira de Guadalajara concebeu-se inicialmente como uma celebração de língua espanhola, mas os idiomas tendem a abrir-se e a comunicar entre si, de forma que, ao festejar a grande literatura, se abriu caminho a outros idiomas e, claro, ao português que se fala em Portugal e no Brasil que, por proximidade e cumplicidades várias, foi ficando, demonstrando assim que no mundo existem potências culturais que não se expressam em inglês e que têm muito a dizer. A FIL de Guadalajara, no estado de Jalisco, México, falando espanhol e português, é a prova.

Durante muitos anos, José Saramago celebrava seu aniversário no México, com a feira já aberta ou quase a ser inaugurada. Ainda que José Saramago fosse capaz de participar em festas muito concorridas, como a da celebração dos quarenta anos da publicação de *A região mais transparente*, de Carlos Fuentes, preferia a intimidade de poucos amigos à volta de uma mesa. Lilia e Chema Pérez Gay criaram esse ambiente várias vezes, em Guadalajara também houve encontros próximos, casas de amigos onde conversar, por exemplo, com Aurora Bernárdez sobre seu companheiro, o inesquecível Júlio Cortázar, de quem cuidou e continuava a cuidar em sua obra, com uma preciosidade que emocionava os que a ouviam falar e que a fazia resplandecer. Ou conversar com

Tomás Eloy Martínez, Laura Restrepo, Juan Gelman, Fernando del Paso e tantos outros, essa constelação que não se apaga.

Um dia, no Teatro Degollado de Guadalajara, a professora Dulce María Zúñiga organizou um ato de homenagem a José Saramago, e com as luzes apagadas, a cortina aberta e o palco às escuras, começou por dizer: "És antigo, Saramago", e fez uma pausa dramática que deu o que pensar a quem assistia. E depois continuou: "Antigo como a terra que nos acolhe e nos sustém", e seguiu seu elogio que tinha a ver com a perenidade que a literatura oferece, apesar da brevidade das vidas dos seres humanos. Foi emocionante, como emocionante foi também a noite em que se homenageava Carlos Fuentes e em que ele apareceu, numa sala com capacidade para milhares de pessoas, pelo braço de dois amigos, que apresentou dizendo: "O escritor colombiano e mexicano, o escritor português e mexicano". Eram Gabriel García Márquez e José Saramago. Foi uma noite abençoada em que nenhum dos lugares na mesa ficou vazio e que ocupados continuam na memória de tantos. A começar pela de Silvia Lemus, que organizou a festa de seu marido e soube tecer os mais belos afetos.

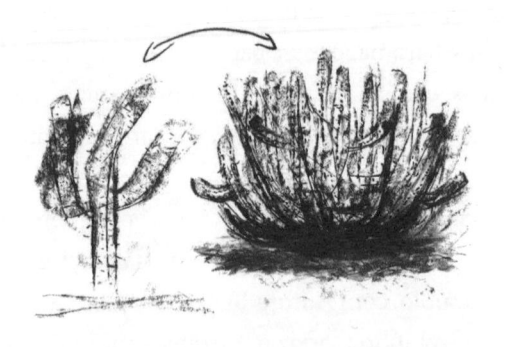

Neste momento, a vida

Um dia qualquer, em sua casa de Lanzarote, com Greta estranhamente carinhosa e Camões sempre por perto.

Sair ao jardim, comprovar que as sombras estão em seu lugar, olhar o mar ao fundo, sorrir.

Vista de seu estúdio: Fuerteventura no horizonte, a ilha de Lobos mais perto de Lanzarote, vigiando o tráfego e os afetos.

Jameos del Agua, obra da natureza organizada por César Manrique, que ensinou que a arte sempre pode estar presente em nossas vidas.

Nas páginas seguintes, nas gravações de *Pilar e José*, de Miguel Gonçalves Mendes.

A foto de Baptista-Bastos que José Saramago nunca chegou a perder no enxame de papéis que era sua mesa.

As crianças sabiam que não podiam subir ao estúdio de José Saramago enquanto ele trabalhava, mas naquele dia Tito tinha que lhe entregar uma lanterna mágica que havia descoberto para encontrar os livros nas estantes.

Uma das últimas fotos de José Saramago na ilha. O casal Saramago passeia pel[a]
Montanhas do Fogo. O sol a ponto de se pôr no mar.

A biblioteca

A casa de José Saramago, *A Casa*, está feita de livros, dizia uma e outra vez o escritor, o que não pensava é que chegaria o dia em que precisaria construir uma casa para os livros, que se multiplicavam e reclamavam espaço. Quis o destino que a parcela ao lado d'*A Casa* ficasse disponível quando as circunstâncias da vida dos que iriam ser vizinhos os aconselharam a voltar para a Suécia, seu país. José Saramago foi peremptório: "Façamos uma biblioteca". Não foi fácil a tarefa, eram tempos de expansão urbanística e não havia mão de obra disponível na ilha, apesar dos milhares de trabalhadores que tinham chegado da América Latina, pelo que foi necessário esperar mais do que o coração ansiava até ver o edifício levantado e os livros, milhares de livros que viviam amontoados, em dupla fila, e que iam sendo transportados de umas estantes para outras, de uma casa para outra, como se fossem criaturas, acabaram por encontrar seu lar definitivo. Um espaço amplo, luminoso, capaz de acolhê-los para que rodeassem o escritor, que ali escreveria suas últimas obras, ouvindo música, recriando-se na contemplação dos títulos que o tinham acompanhado e eram sua pele ou sua alma. José Saramago sentia-se bem nessa biblioteca, que teve uma inauguração especial: amigos de Portugal e Espanha, criadores indispensáveis, mais de cem, chegaram a Lanzarote e durante uma noite ocuparam a biblioteca, cantando a "Grândola, Vila Morena", dançando o "Ergo uma rosa", conversando, simplesmente sendo.

Aquela noite de María Pagés e Luis Pastor, de Lourdes Guerra, de Miguel Ríos, de João Afonso e de Fernando Tordo, de Pasión Vega e de Bebe, de cineastas como Juan Diego Botto e de jornalistas — Fernando Berlín, Olga Rodríguez — armados de câmeras e bom humor, foi memorável, a melhor abertura possível para uma biblioteca que já continha toda a seriedade do mundo, a grande literatura, o pensamento, a reflexão. María Pagés dançou para José Saramago e para os livros que a olhavam, assombrados. Seu vestido vermelho chama-se Blimunda e com ele taconeou e fez mover o ar. Ninguém saiu da sala sem beijar os livros e alguns leitores beijaram-se entre eles. No dia seguinte, recolheram-se muitos copos vazios da biblioteca, nunca se saberá quem foram os que beberam o último gole, talvez a festa tenha se prolongado noite adentro entre os moradores das estantes, escritores atrevidos ou personagens ansiosos que decidiram sair para brindar com o malvasia que oportunamente tinha sido deixado nas mesas pensando neles.

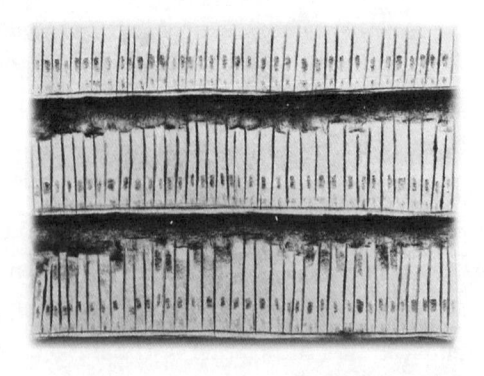

Escritores em Lanzarote

Todas as ilhas são visitáveis, sejam as de terra rodeadas de água, sejam as pessoas, tantas vezes ilhas solitárias apesar de viverem num arquipélago de quase 10 bilhões de habitantes. A ilha que era *A Casa* de José Saramago recebia amigos continuamente e nunca eram inoportunos, pelo contrário, cada visita preparava-se como uma festa e assim resultava, porque se empenhar é uma forma de conseguir. Um dia chegaram a casa Carlos Fuentes e Silvia Lemus. Era um encontro de amigos, claro, mas continha uma proposta de entrevista de Silvia a José, que naturalmente se realizou. A galeria de entrada d'*A Casa* converteu-se muitas vezes em estúdio de televisão, os peritos diziam que tem boa luz e espaço para dispor as câmeras, pelo que ali instalaram a equipe de gravação para que Silvia Lemus e José Saramago conversassem. Entretanto, Carlos Fuentes aproveitaria para descansar. E descansou muito, mais do que tinha previsto, porque quando quis sair do quarto deu-se conta de que entre ele e a liberdade, quer dizer, o resto da casa, havia quatro câmeras e decorria uma entrevista que não tinha fim à vista, e assim, sem meias medidas, saltou pela janela e continuou sua vida de hóspede principal. Desde então, essa janela d'*A Casa* ganhou o nome de Carlos Fuentes e a história de ter saltado sem se despentear nem amarrotar as calças passou a fazer parte da lenda de homem muito elegante que sempre acompanhou o escritor.

O casal Fuentes-Lemus gostou de Lanzarote a ponto de, em *Os anos com Laura Díaz*, se encontrar uma homenagem à ilha, convertida em "jangada de pedra". E dos lugares percorridos no passeio que José Saramago propôs, quer dizer, Tías, Haría, Timanfaya, La Geria, San Bartolomé, o Monumento al Campesino, a Fundação César Manrique, o escritor Carlos Fuentes ter eleito o nome de San Bartolomé, e de tê-lo usado, reinventado, nesse esplêndido romance em que se narram cem anos da vida do México e uma história em Lanzarote. Quer dizer, a ilha aparece por razões de amizade e amor, ou seja, por boas razões.

Outros escritores deixaram sua marca n'*A Casa*. Eduardo Galeano e Helena, Sergio Ramírez e Tulita, José Luis Sampedro e Olga, Claudio Magris, Juan Goytisolo e Monique Lange, e Mario Vargas Llosa e Patricia, entre outros. Alguns dos melhores amigos de José Saramago não puderam vir, como Jorge Amado, que tantas vezes adiou a visita até já não haver tempo. Ou Manuel Vázquez Montalbán, viajante incansável com quem José Saramago ia se encontrando em diversos continentes e, no entanto, sem que nunca conseguissem acertar as agendas para passarem uns dias na solidão vulcânica de Lanzarote. A morte prematura de Vázquez Montalbán impressionou tanto José Saramago que lhe dedicou o romance que estava escrevendo nesse momento, *Ensaio sobre a lucidez*, mas não à sua memória, como disse no ato de despedida na Universidade de Barcelona, e sim "A Manuel Vázquez Montalbán, vivo".

Gonzalo Torrente Ballester e Fernanda, sim, estiveram n'*A Casa*. Repetiram-se a alegria dos encontros da Galiza, a convivência na casa de La Romana ou em Salamanca, Lisboa, Madri ou Roma, a conversa sempre inteligente, prazerosa, irônica de Gonzalo Torrente Ballester, que suportou com estoicismo que Greta, a antipática cadelinha, o adotasse como pai, ou como assento, e se aninhasse em seu colo sem pedir autorização ou mostrar intenção de abandoná-lo, talvez porque tenha entendido que era a pessoa mais tranquila da reunião, a que não se levantaria a cada instante por essa ou aquela razão, simplesmente estaria atenta à conversa, ou iria dirigi-la com mão firme, porque era quem mais memórias acumulava e mais experiência de vida tinha. E arte para contar seus sonhos de menino, seu papel decisivo em batalhas históricas, todas incorporadas à sua imaginação como assuntos seus, ou para narrar suas primeiras viagens europeias, o dia em que conheceu Joyce, a importância da literatura anglo-saxônica em sua vida, a maldita guerra, o dois vezes maldito pós-guerra, sua estada nos Estados Unidos, o Cervantes infinito a que chegou a partir de outras tradições, e *La saga/fuga de J. B.*, romance fundamental do século XX sobre o qual José Saramago tinha escrito: "Até agora havia uma cadeira vazia à direita de Cervantes, que acaba de ser ocupada por Gonzalo Torrente Ballester, que escreveu *La saga/fuga de J. B.*".

A viagem de Torrente Ballester a Lanzarote foi uma das últimas que realizou em sua vida, ameno como sempre, lúcido e inesquecível. José Saramago viajou à Galiza para dar o último adeus a seu amigo quando morreu em janeiro de 1999, e emocionou-se ouvindo o músico Carlos Nuñez interpretar com sua gaita de foles o poema de Rosalía de Castro "Negras sombras", enquanto o caixão descia à terra: "Assim vale a pena morrer", comentou em lágrimas José Saramago a Fernanda. Depois, na companhia de amigos íntimos, recordaria a resposta magnífica que, olhando por cima dos óculos e com o queixo apoiado na bengala, deu um dia a um jornalista em Portugal, quando este lhe perguntou se acreditava em Deus. "E a você, que é que isso lhe interessa?", respondeu Gonzalo Torrente Ballester e passou a outro assunto.

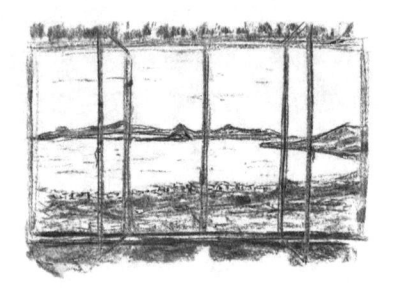

María Kodama e Borges

Borges era um autor fundamental para José Saramago, como fica registado em suas declarações — tantas — e também em sua obra. O romance *O ano da morte de Ricardo Reis* é atravessado por um livro inexistente, *O deus do labirinto*, de um autor inventado por Borges e lido por Ricardo Reis, que tampouco existia, salvo como heterônimo de Fernando Pessoa. José Saramago atreve-se a pôr em diálogo Pessoa e Borges através da ficção e de alguma maneira aparece uma trindade literária à espera de novas leituras.

María Kodama viajou para Lanzarote e na biblioteca d'*A Casa* falou do escritor que conhece tão bem e do homem com quem partilhou a vida e que nela continua a estar, porque há presenças que não são esquivas. O encontro marcado era com José Saramago, que por aqueles dias se recuperava de uma doença que esteve a ponto de lhe custar a vida. Para trás ficavam meses internado num hospital de Lanzarote, dias e noites de desalento em que deixou claro que ainda não queria morrer, e não morreu. Agora é março de 2008, María Kodama chegou a Lanzarote para ver seu amigo e ambos se dispõem a dialogar sobre Jorge Luis Borges na biblioteca d'*A Casa*. É o primeiro ato público do escritor depois de sair do hospital. Chegarão a Tías amigos de toda a ilha, ninguém quer perder a conversa entre os dois leitores privilegiados de Borges, dois escritores capazes de entrar nos labirintos e sair deles vivificados. María Kodama e José Saramago frente a frente, rodeados de livros, vida e paixão partilhadas.

Começam a sessão, os teóricos da sala esperam impacientes, vão assistir a um ato em que se desvelarão as chaves do enigma borgiano, a teoria da literatura crescerá diante de seus olhos, mas isso não acontece. A primeira pergunta que o escritor faz à escritora não tem a ver com arcanos literários, simplesmente pede-lhe que fale do amor com Borges. María ri, não está nervosa, pelo contrário, relaxa-se mais no cadeirão de couro negro e com voz suave, como o meio da tarde dessa primavera lanzarotenha, vai conduzindo seus ouvintes pela intimidade da convivência, as aventuras cotidianas de quem nunca perdeu a curiosidade, os momentos de alegria, as viagens por ilhas remotas, com idiomas e lendas fascinantes. Kodama reproduz o você acariciador com que Borges e ela se tratavam, aparece a Suíça, a última paragem, os amigos, hoje Lanzarote é o Aleph. "Sim, o lugar onde estão, sem se confundirem, todos os lugares do globo", dizem, repetem. María Kodama olha para José Saramago, que olha para ela. Decidem ler o mestre em voz alta, não é uma invocação, é o prazer de escutar. María lê com sotaque portenho, sua voz vai se parecendo com a de Borges. Ninguém se mexe na biblioteca, nem sequer a biblioteca levita, ninguém quer que o tempo passe, nem quando Saramago lê como se Borges fosse português, e talvez essa tarde o fosse.

María Kodama passou vários dias em Lanzarote, percorreu a ilha, viu os vulcões, molhou os pés na água deste lado do oceano, conheceu a obra de César Manrique, despediu-se até à próxima, que seria em Lisboa, e foi. Antes, em Buenos Aires, María Kodama tinha mostrado a José Saramago a biblioteca de Borges, os livros que o acompanharam e nos quais deixou sua respiração, os livros que escreveu para dar alento a outros, a mesa que usava, sua cadeira, alguns objetos, o silêncio da criação. María Kodama e Jorge Luis Borges viveram juntos muitos anos. Nunca se separaram. Em seu livro *Homenagem a Borges*, entendem-se as chaves de uma história que superou todas as barreiras. "Maria, fala-nos do amor com Borges." Ela é a única pessoa no mundo que pode fazê-lo e em Lanzarote, naquela tarde de março, com José Saramago como anfitrião, desfolhou a mais bela declaração. Entendê-la-ão os que de amor algo saibam.

Miguel Gonçalves Mendes

Pediu-o tantas vezes e com tão bons modos, que José Saramago acabou por ceder: "De acordo, venha a Lanzarote, conversaremos durante uns dias". Os dias acabaram sendo anos. Miguel Gonçalves Mendes e sua equipe converteram-se em sombras de José Saramago, apareciam nos lugares mais insuspeitos, no México ou na Finlândia, em Lanzarote, Azinhaga, Castril, Madri, Lisboa, São Paulo ou Buenos Aires. Chegar a uma cidade e encontrar Miguel converteu-se num hábito com que convivia sem sobressalto ainda que, às vezes, com algumas reprimendas: "Miguel, não é necessário tanto, Miguel, que loucura". Miguel era um jovem cineasta português, avalizado por vários filmes que José Saramago havia visto com prazer. Apresentou-se n'*A Casa* com inquietações políticas sobre o futuro de Portugal que comoveram o escritor, sua ambição passava por mostrar a grandeza de seu país através de pessoas que o habitam e lhe dão uma dimensão maior. Em seu olhar refletiam-se segurança no que fazia e também uma estranha ansiedade que o impedia de ver a palavra fim no que tocava. Era, é, um jovem iconoclasta que ama as grandes realizações, um solitário permanentemente em busca de companhia, um devoto sem deus, um artista que necessita da tecnologia e da indústria para que sua obra se materialize. Em definitivo, Miguel Gonçalves Mendes é uma contradição com uma câmera, muitas perguntas e um certo desalinho indumentário que lhe dá ar de adolescente sem pressa de passar para outra idade.

Impuseram-se limites para que as câmeras entrassem n'*A Casa*: filmar-se-ia a cotidianidade, nunca a intimidade, que essa é intocável. Miguel comprometeu-se, mas aos poucos, confiando na má memória das pessoas mais velhas, tratava de ir avançando: "E se gravássemos na piscina?", perguntou um dia num gesto inocente. Recebeu uma resposta imediata: "Vestido ou nu?". Durante uns segundos, a cara de Miguel Gonçalves Mendes iluminou-se, imaginou a cena, o escritor nadando na piscina, dando umas braçadas ao estilo de um desportista experimentado, para depois emergir das águas nu enquanto alguém lhe levava uma toalha e o coroava como um Poseidon de água doce e amável. Claro que não gravou nem essas nem outras imagens que queria, mas assistiu a apresentações de livros, a festas familiares, a momentos únicos de expressão de solidariedade, como o vivido com as vítimas do atentado de Atocha em Madri, ou em Buenos Aires, com as mães e avós de desaparecidos, quando finalmente se inaugurou o Muro da Memória em que se leem os nomes das pessoas que a ditadura argentina matou, para vergonha do mundo. Miguel estava no México quando José Saramago ensaiou com Gael García Bernal a leitura de *As intermitências da morte*, em Castril quando foi inaugurado o parque de *As pequenas memórias* em honra dos avós de José Saramago, ele, Jerónimo, de quem disse, no discurso do Nobel, que era "o homem mais sábio que conheci", ela, Josefa, a mulher que lhe tirava o medo quando, em criança, tinha pesadelos: "Não faças caso, nos sonhos não há firmezas", explicava-lhe. Eram dois camponeses, agora com seus nomes esculpidos em pedra a muitos quilômetros da aldeia onde viveram, graças à vontade empreendedora de um autarca com força, sonhos e vontade, o pintor José Juan Mar. Miguel Gonçalves Mendes estava em Madri quando José Saramago teve de ser hospitalizado e com ele viajou dias depois para Lanzarote. Em suas centenas de horas de rodagem, registram-se alguns dos momentos-chave da vida de José Saramago: o início de um livro, a proximidade da morte, a vida recuperada, os outros livros escritos, as conversas oferecidas, os discursos partilhados, a alegria de tantos momentos e a infinita tristeza de alguns. E há as entrevistas. Miguel perguntava sistematicamente pelo amor e pela morte, tentando encontrar contradições nas respostas ou talvez um talismã que lhe permitisse, a ele, jovem obcecado com as três feridas de que falava o poeta Miguel Hernández, a do amor, a da vida e a da morte, viver.

Conseguiu terminar seu filme, e José Saramago ajudou-o. Ambos foram felizes na apresentação d'*A viagem do elefante* no Brasil: ninguém diria que Saramago poderia cumprir sua promessa de viajar para outro continente senão eles, que não quiseram duvidar nem por um instante, custasse o que custasse, e assim José Saramago pôde despedir-se de tantos amigos e desse seu outro país. Em 2010, Miguel viajou pela última vez a Lanzarote, já sem câmera, apenas como amigo, para projetar a versão final do filme que então tinha mudado de título, já não seria *União Ibérica* mas um óbvio *José e Pilar*, de cujo nome ninguém reclama a paternidade. José Saramago gostou do que viu, ainda que sempre insistindo que era tudo uma loucura, que Miguel deveria mudar de registro, que aquilo não interessava a ninguém. Quando no outono, quatro meses depois dessa exibição privada, o filme estreou oficialmente em Lisboa, José Saramago já tinha morrido, mas na tela permanecia vivo e vivo também continua porque o filme continua a ser projetado em salas e plataformas de todo o mundo e a ver consolidada sua repercussão entre leitores e estudiosos todos os dias. Esteve também em vários festivais internacionais, tanto na Europa como na América, e representou Portugal no Oscar. Recebeu críticas positivas de grandes profissionais do cinema e deu a Miguel Gonçalves Mendes segurança e amigos para toda a vida. Quem sabe se no futuro haverá outros títulos de José Saramago adaptados para o cinema por esse profissional já não tão jovem, mas com o mesmo entusiasmo. Nas longas horas de conversas que mantiveram em aviões, hotéis ou n'*A Casa*, surgiram ideias, promessas, declarações e desafios. Em tudo isso está Miguel Gonçalves Mendes, o cineasta que chegou para gravar uma entrevista e que levou a vida inteira de um autor que sabia quão duro é abrir-se o caminho no mundo da arte, por isso se entregou tanto. Muitas das conversas que não puderam entrar nas duas horas de filme foram publicadas num livro com o mesmo título e com um belo prólogo de Valter Hugo Mãe, que é também uma porta aberta para ler José Saramago e ver o filme de Miguel. A orelha do livro, editado em vários idiomas e países, leva uma declaração do grande escritor já desaparecido, Luis Sepúlveda: "A grandeza de Saramago não encontra adjetivos que a reflitam fielmente, os que existem são pequenos".

Azinhaga

Azinhaga está em *As pequenas memórias*. Ainda que na aldeia de José Saramago apenas passasse os períodos estivais, a memória desse lugar foi se consolidando com o passar do tempo, tal como iam se apagando as diferentes ruas de Lisboa onde viveu com os pais quando era pequeno, às vezes em casas partilhadas, outras em apartamentos minúsculos, em águas-furtadas com pouca luz e menos felicidade. Na Lisboa da escola primária, do curso industrial, ou inclusive da formação laboral, José Saramago não foi uma pessoa alegre, sua sensibilidade não estava em consonância com os gostos e atitudes do ambiente urbano que lhe foi dado viver, sentia-se fora do lugar, alheio a ruídos e celebrações, amante de longos passeios, leitor solitário e "oculinhos", companhia pouco apetecível até que, depois dos períodos da adolescência e da primeira juventude, foi encontrando companheiros, amigas e amigos com quem podia trocar ideias, conversar, ouvir e explicar-se. Assim ocorreu nas *Juventudes musicais*, tão importantes para ele, contato com outros jovens inquietos, e em seu casamento. À medida que crescia, a aldeia e seu fulgor iam ficando para trás, voltava para visitar a família, cada vez mais minguada, uns dias de vez em quando, já não as longas temporadas estivais da infância, mas as ausências não o afastaram sentimentalmente, pelo contrário. Adulto, já com muitas histórias de vida, com fracassos e êxitos acumulados, decidiu que o olhar que experimentou e manteve em Azinhaga seria o que daria forma à sua maneira de estar na vida. Foi então que a aldeia, ou a ideia de aldeia, alcançou outra dimensão, e é essa aldeia — ou essa ideia de aldeia — a que José Saramago recuperou em Lanzarote, uma explicação do mundo sem intermediários, o céu, a terra, a vida humana e animal, a água com que se negocia, a ansiedade cotidiana, a necessidade de enfrentar a noite sabendo-se parte do universo. As estrelas que José Saramago via em sua infância, em Azinhaga, voltou a vê-las em Lanzarote, olhou-as com o mesmo assombro e desproteção, com a mesma necessidade de cuidá-las e de entender o mundo. Azinhaga deixou, em certo momento, de ser umas ruas, uma praça, uns campos e um rio para passar a ser uma filosofia, como o vulcão apagado de Lanzarote.

Quando começou a visitar sua aldeia com mais frequência, com a Fundação José Saramago como estímulo, disse que os homens e mulheres que criou para pôr em seus livros procediam, de certa maneira, da forma de olhar o mundo concebida nesses campos e nessa solidão. Os homens e as mulheres de obras diferentes e distantes, situadas num lugar concreto ou num país sem nome, professores, músicos, trabalhadores do campo sem terra, médicos ou mulheres que veem num mundo de cegos, todos esses personagens e muitos outros procedem da honestidade abraçada naquele tempo. Nunca deixou de ser a criança de Azinhaga que aprendeu vendo a avó amassar o pão e o avô cuidando o gado e sabendo que o mundo é, todo ele, uma descoberta que aguarda.

À aldeia chamam-lhe Azinhaga, está naquele lugar por assim dizer desde os alvores da nacionalidade (já tinha foral no século décimo terceiro), mas dessa estupenda veterania nada ficou, salvo o rio que lhe passa mesmo ao lado (imagino que desde a criação do mundo), e que, até onde alcançam as minhas poucas luzes, nunca mudou de rumo, embora das suas margens tenha saído um número infinito de vezes.

As pequenas memórias (2006)

As pequenas memórias

Antes de José Saramago se sentar para escrever, o livro tinha outro título. Deveria chamar-se *O livro das tentações* e seria, segundo a ideia inicial, um percurso pela primeira parte da vida de uma criança, o autor, quando o mundo inteiro se lhe apresentava como uma imensa e atrativa tentação. Durante anos, anunciou que esse livro, com esse título, o esperava, mas a passagem do tempo foi fazendo com que baixasse as expectativas até que decidiu que o que tinha para contar seriam as memórias pequenas de um mundo que também não era grande, sua dimensão era a de uma aldeia e de certas ruas de Lisboa, pouco mais caberia na mochila de uma criança pobre, solitária, algo tímida, introvertida, curiosamente amante de música. Sua Lisboa, de certa forma ainda rural, era a que ia conhecendo pela mão da mãe, dona de casa que às vezes limpava escadas, e a de que o pai falava, policial com um pouco mais de mundo, com a capacidade de ler o jornal e de se juntar com os colegas, outros policiais, e porteiros de edifícios, como o do Teatro de São Carlos, que deixava que o menino José

Saramago subisse ao galinheiro quando a representação ia começar para ali ouvir o que de melhor se apresentava naqueles anos na Ópera de Lisboa.

Já se disse que uma história aparecida ao preparar *As pequenas memórias* fez desabar todos os planos do escritor. Ao procurar no registro civil a data concreta da morte de seu irmão mais velho, Francisco, menino ruborizado e bonito que não nasceu para morrer aos quatro anos, José Saramago descobriu algo insólito: oficialmente seu irmão estava vivo, não havia registro de sua morte em Azinhaga, onde havia nascido e onde deveria constar o documento com a data do fim de sua vida. Essa descoberta, seu irmão para sempre vivo na memória administrativa do registro civil, originou outro livro, *Todos os nomes*, pelo que deixou para mais adiante as memórias de quando jovem, sempre com a vontade de regressar a elas, porque prolongar a vida das pessoas guardando seus nomes é tarefa amada de quem se sabe escritor. Em *Todos os nomes*, procura-se a mulher desconhecida para honrá-la; em *As pequenas memórias*, honram-se pessoas já desaparecidas que no entanto ajudaram José Saramago a construir-se como ser humano e como escritor.

"Será Lanzarote minha Azinhaga recuperada?", perguntava-se José Saramago várias vezes. Por isso, o lugar ideal para escrever sobre a descoberta do mundo foi Lanzarote. Não tinha oliveiras por perto, a não ser as três que a duras penas se mantinham em seu jardim, não tinha próximo o Almonda, já não viviam os avós, nem os pais, nem o cinema O Piolho, nem a Mouraria, nem as ruas elegantes da Baixa aonde uma vez o levaram suas tias e lhe compraram um balão e chocolate, já não recebia sábios conselhos nem caminhava descalço, mas o horizonte que via desde sua janela, o silêncio da tarde quando ia caindo, foram os ideais para que *As pequenas memórias* se fossem construindo e para que o escritor se recriasse na idade da inocência. Que acabou com a aparição da mentira, como se conta: ia o menino Saramago pelo campo e deparou-se de repente com um homem e uma mulher em atos amorosos. O menino seguiu seu caminho, mais à frente sentou-se num valado que estava perto de uma oliveira onde uns dias antes tinha visto um grande lagarto verde. O homem aproximou-se e também se sentou. Assim o conta:

> "Mulher asseada", disse. Não respondi. A mulher aparecia e desaparecia entre os troncos das oliveiras, cada vez mais longe. "Disse que você a conhece e que vai avisar o marido." Tornei a não responder. O homem acendeu um cigarro, soltou duas baforadas, depois deixou-se escorregar do valado e despediu-se: "Adeus". Eu disse: "Adeus". A mulher tinha desaparecido de vez. Nunca mais tornei a ver o lagarto verde.

A apresentação desse livro foi apoteótica: mais de mil pessoas concentraram-se numa fábrica abandonada de Azinhaga, as televisões fizeram transmissões ao vivo da aldeia, houve música, bailes, jantar na rua para quem quisesse e a festa prolongou-se até altas horas da madrugada, porque a atenção dos vizinhos estava virada para seu filho predileto que havia regressado para contar sobre o tempo em que foi feliz naquelas paragens. Claro que os protagonistas mais velhos de seu relato já não existiam, mas sim familiares, alguns homens e mulheres que partilharam pobreza e anseios com o autor quando criança. Também os descendentes de uns e de outros, entre eles Violante, a única filha de José Saramago, seu marido, Danilo, e seus filhos, Ana e Tiago: como poderiam faltar naquela noite principal em que o passado e o presente se uniam pela virtude da literatura e da memória. Da vida. Quem sabe se o lagarto verde não esteve também na festa confirmando assim que a idade da inocência pode prolongar-se no interior das pessoas, se estas se deixam levar pela criança que um dia foram.

A doença

A saúde não decidiu um dia abandonar José Saramago, não foi uma surpresa de um momento para o outro, foi-se indo pouco a pouco, sem despedidas dramáticas, simplesmente deixando um aviso aqui, outro mais tarde ali, até que numa viagem à Argentina ele teve uma pneumonia grave que se complicou no regresso e que resultou fatal, por seu histórico. À leucemia diagnosticada veio juntar-se o bacilo de Koch, que, como lhe explicou Federico Mayor Zaragoza na tarde em que soube que estava internado num hospital, "está presente nos que nascemos naqueles anos, ainda que controlado. Agora, com a pneumonia e a leucemia, não encontrou obstáculos para avançar, e faz isso como um exército em marcha". Assim, de forma clara, seu amigo, catedrático de bioquímica, tentou lhe explicar o conjunto de agressões que seu corpo sofria e que esteve a ponto de lhe custar a vida.

A internação de José Saramago teve lugar em Lanzarote: queria estar perto de sua casa, independentemente do que se passasse, e tinha confiança em seus médicos. Gracia Lanzas, médica da clínica, Domingo Guzmán, amigo antigo e seu médico de cabeceira, foram quem o sustiveram, e com eles o resto do pessoal, especialistas diversos, enfermagem atenta e capaz, massagens, alimentação, uma nuvem de pessoas que velavam para que José Saramago se recuperasse. Entrou no hospital em dezembro, pouco depois chegava o Natal e o pessoal de saúde e outros doentes menos graves queriam celebrar as festas, apenas José Saramago, com os olhos fechados, permanecia alheio ao calendário e ao exterior de si mesmo. Mais tarde, contaria que não era o vazio que o habitava, buliam-lhe ideias, palavras antigas, uma desordem de vida que não podia controlar amontoava-se em sua cabeça e ele sabia que essas sensações o mantinham no mundo dos vivos. Não sofreu, não tinha dores, apenas uma noite escura, interior e poderosa, de que se foi recuperando com a medicação adequada, o interesse do pessoal de saúde e a devoção dos amigos mais próximos. No dia em que saiu da unidade de terapia intensiva foi uma festa. "Levamo-lo para um quarto", diziam-lhe uns e outros, como se não tivesse bastado a primeira informação. Da janela da UTI via a janela de seu escritório, quando olhava sentia a premência de regressar a casa. Esteve hospitalizado mais de um mês, mais de dois, até que recuperou a força para caminhar e o apetite para se manter.

Regressou a casa. Pepe, Greta e Camões entenderam que não deveriam lançar-se a ele, mas converteram-se em sua guarda pretoriana. Não se afastavam do cadeirão, sempre atentos para que ninguém incomodasse o homem que lhes dera nome e os convertera em seres literários e dignos de respeito. Greta até subiu para seu colo e José Saramago acariciou-a como se fossem amantes. Aconteceu apenas uma vez, mas foi suficiente para que, diante da surpresa geral, nunca mais manifestasse a antipatia que sentia pelos homens. Uma tarde, n'A Casa, tomando café com vários amigos, José Saramago contou, sem lhe dar grande importância, ainda que tivesse notado o estremecimento que suas palavras provocaram, que quando se encontrava perdido nesse obscuro labirinto que é o de estar sem estar sentiu os barridos de um elefante, ou isso lhe pareceu, e que eram barridos salvíficos que o encorajavam a empregar-se a fundo para continuar a partilhar os dias com sua gente e para continuar também seu trabalho. O livro que o ocupava era outro, *A viagem do elefante*. José Saramago não gostava de deixar nada pela metade, não podia morrer, apesar de ter estado em coma, sem acabar esse trabalho. "De alguma maneira", acrescentou, "o elefante contribuiu para me salvar a vida", disse, e assim foi entendido.

A luta titânica naquele tempo hospitalizado, o esforço de seus médicos, a clareza rotunda com que se abordou a vida e a morte deram a José Saramago mais três anos de vida e muitas emoções. Ninguém fica igual depois de ter visto a morte de frente. Nem José Saramago. Por isso, sem concessões ao facilitismo, com a liberdade que sempre foi sua norma, retomou sua atividade e pôs-se a escrever *A viagem do elefante*.

Entretanto, outros chegavam, e também Aminatou

Ouvia dizer-se em determinados círculos literários que a casa de José Saramago em Lanzarote era feita de borracha, porque tinha a capacidade de se esticar para receber grupos de amigos a quem previamente não se perguntava quantos viriam. Às vezes, chegavam famílias inteiras, em outras ocasiões eram meias famílias que até esse momento pareciam felizes e, no entanto, andavam em contendas de separação e procuravam consolo, outras vezes eram amigos solitários, necessitados de apoio e de uma palavra, também tradutores empenhados em seu trabalho, que queriam sentir o português do autor em seu cotidiano, ou professores que precisavam saber de viva voz como era Blimunda, ou se Maria de Magdala e Lídia teriam se encontrado, ambas mulheres fortes que amaram homens singulares, Jesus Cristo e Ricardo Reis, que permaneciam apesar de seus homens, por razões religiosas ou poéticas, terem tido de deixar a terra que habitavam, terra de livros e de palavras de imposições e de poesia. Também chegavam a Lanzarote militantes de causas, pessoas generosas que se apresentavam com projetos dos que recordam a condição de seres pensantes dos homens e mulheres que povoam o mundo. "Vocês não serão desses dos direitos humanos?", perguntaram no aeroporto de Lanzarote a uns mexicanos que a polícia considerou suspeitos de algo, revistou-os e indagou acerca dos motivos da viagem. "Viemos ver José Saramago, que nos espera à porta", explicaram quando chegou sua vez de falar. Aí acabaram as perguntas. "Tomem vossas coisas e desculpem", disseram aos zapatistas que viajavam até Lanzarote para preparar um livro, não sem que antes lhes fizessem a tal pergunta, "se eram gente dos direitos humanos". Eram-no, claro que sim, ativistas de causas que a humanidade não pode ignorar ou dar por perdidas, porque seria a própria humanidade quem se perderia. Ativistas assim chegaram da Argentina, familiares de desaparecidos que lançavam ações especiais, representantes dos mapuches do Chile que estavam prestes a ser expulsos de sua terra para que uma multinacional levantasse seu empório, bascos que procuravam saídas negociadas para o conflito que se vivia no norte de Espanha e que podia ter fim, "porque a paz é possível se nos mobilizarmos para ela. Nas ruas e nas consciências".

Essa frase fecha um texto que José Saramago escreveu convidado pelo grupo Elkarri e que, ao lado da gravura de Tápies, significou o arranque de uma campanha para preparar mediadores de paz em que participaram muitas pessoas anônimas, também alguns políticos, entre eles o *lehendakari* Ibarretxe e o presidente do governo catalão, Pascual Maragall. Acabar com o terror e a desolação nessa terra tão amiga, fecunda, pacífica, era o objetivo. Conseguiu-se, e algum dia alguém escreverá o livro em que figurem todos os nomes dos que de verdade apostaram em erradicar a dor que a ditadura franquista havia instalado. No final de sua vida, muito doente mas cheio de brio, José Saramago apoiou a causa Sarauí solidarizando-se com Aminatou Haidar, a ativista que passou um mês em greve de fome no aeroporto de Lanzarote como forma de chamar a atenção do mundo para o conflito que seu país, o Saara Ocidental, vive, ocupado pelo Marrocos, contrariando o direito internacional, as resoluções da ONU e a vontade de seus habitantes. José Saramago deu sua voz a Aminatou Haidar e conseguiu que intelectuais e criadores de todo o mundo se pronunciassem e reclamassem o final da ocupação. Finalmente, e depois de uma dura negociação do governo da Espanha com o do Marrocos, Aminatou Haidar conseguiu sair de Lanzarote e aterrissar em sua terra, El Aaiún. O momento em que o avião medicalizado disponibilizado pelo governo espanhol decolou de Lanzarote foi seguido por José Saramago a partir de sua casa com a mesma emoção com que os ativistas, no aeroporto, gritavam: "Aminatou voa", e se abraçavam e aplaudiam. Durante trinta e dois dias não a tinham deixado sozinha. A greve de fome de Aminatou deu a volta ao mundo e ficou gravada na consciência das pessoas de boa vontade.

Quando uns meses mais tarde José Saramago morreu, Aminatou Haidar mandou para casa do escritor esta mensagem de condolências: "Todos somos pobres sem José Saramago".

Itália, sempre a Itália

Uma manhã, José Saramago anunciou que queria voltar à Itália e aceitou o convite para visitar a sede do festival Sete Sóis Sete Luas como se necessitasse de autorização para viajar. E também para apresentar *O caderno*, livro com os textos do blog que ia compondo e que na Itália foi publicado pela editora Bollati Boringhieri, com um belo prefácio de Umberto Eco. Foi uma viagem demorada, por diferentes terras, que acabou em Roma, num hotel que permitiu a José Saramago percorrer caminhando lugares amados, voltar a olhar o horizonte como naquele dia em que, tendo-lhe sido diagnosticado um descolamento de retina que não podiam operar porque havia greve nos hospitais italianos, se aproximou da praça de Espanha para ver Roma pela última vez e para que, se ficasse cego, fosse essa a imagem conservada em sua retina. A ameaça não se concretizou, pôde regressar a Lisboa onde o dr. Márcio dos Santos o operou, manteve a capacidade de ver e voltou incontáveis vezes a Roma. Muitas dessas viagens à Itália, compromissos editoriais à parte, tinham a ver com a vida acadêmica. Em Turim, José Saramago foi investido pela primeira vez em sua vida doutor honoris causa.

Mais tarde, foi a Universidade de Siena quem o reconheceu e depois a Universidade Roma III, com Andrea Camilleri e Manuel Vázquez Montalbán, numa cerimônia lúcida e pícara como poucas vezes a universidade terá experimentado porque as capacidades fabuladoras dos três autores fizeram do ato um momento literário, tão verossímil como é a literatura, tão irreal que não caberia em nenhuma crônica. Em sua última viagem a Roma, José Saramago recordou outros dias nessa cidade vividos na companhia do escritor francês Jean Marie Le Clézio, que mais tarde viria a receber o prêmio Nobel de literatura e que, surpreendentemente, nunca tinha estado na capital italiana apesar de ter viajado por todo o mundo. Então, José Saramago ofereceu-se para atuar como cicerone, e ambos circularam entre vestígios históricos que o presente mantém e eles literariamente recriavam. Aquele passeio romano com Le Clézio foi sempre uma recordação conservada com carinho.

Em 2009, José Saramago quis despedir-se da Itália. Havia escrito nos últimos tempos contra Berlusconi — "A coisa Berlusconi" — e contra a situação, confusa e irresponsável, em que, na sua opinião, se encontrava a política italiana, mas essa dor que o acompanhava não era o sentimento predominante. Havia em José Saramago uma gratidão para com a Itália que vinha de antigamente, desde que conheceu a beleza porque a percorreu como se percorre um corpo que se espera e se ama. O primeiro romance de maturidade de José Saramago, *Manual de pintura e caligrafia*, é uma viagem à Itália e um projeto de vida. Milão, Veneza, Ferrara, Bolonha, Florença, Roma, Nápoles, seu passado e o mais belo presente desfilam pelas páginas desse livro que o autor confessa ser biografia, se é que tudo não é autobiografia. Diz em *Manual de pintura e caligrafia*, referindo-se à Florença que o espera:

Enquanto eu durmo, este povo silencioso de estátuas e pinturas, esta humanidade remanescente, paralela, continua de olhos abertos a velar pelo mundo a que, dormindo, renunciei. Para que o possa encontrar novamente ao descer a fila, mais velho eu e precário, porque mais duram afinal as obras da pedra e da cor do que esta fragilidade de carne.

A fragilidade da carne não o impediu de percorrer certos caminhos, contemplar, ainda que de longe, jardins que o sentiram respirar anos antes e decidir que era preciso prosseguir a viagem. Seus amigos italianos, o escritor Paolo Flores d'Arcais, sua tradutora Rita Desti, visitaram-no no hotel. Um trazia futuro; outra, muito passado para partilhar. Houve jantares, conversas próximas ou a longa distância, Azio Corghi e suas óperas a partir dos livros de José Saramago, a experiência feliz de dois seres humanos criadores e complementares, respeitosos e livres, consistentes, que se entendem ainda que não tivessem podido encontrar-se desta vez. "Irei ver-te a Lanzarote", prometeu-lhe Claudio Magris, e assim o fez. Claudio Magris visitou *A Casa* e a biblioteca. Ali se despediu do amigo com quem tantas cumplicidades havia partilhado e uma vez mais se manifestou o fascínio de José Saramago pela obra gigantesca do autor de Trieste, esse *Danúbio* que é leitura de uma vida, e também o respeito de Claudio Magris pelos livros de José Saramago, expresso no prólogo que escreveu para *Viagem a Portugal*, texto já inseparável do livro.

Não foram muitos dias na Itália, mas sim os suficientes para que José Saramago confirmasse que esse país, essa cultura, não estavam em sua vida, simplesmente formavam parte de seu ser.

A Fundação José Saramago

A ideia de constituir uma Fundação que levasse o nome de José Saramago não se apresentara até que um meio-dia, no restaurante libanês de Arrecife, a capital de Lanzarote, surgiu com toda a clareza e com a mesma pergunta com que José Saramago construía seus livros: "E se se criasse a Fundação José Saramago?". À mesa, o presidente e o diretor da Fundação César Manrique, José Juan Ramírez e Fernando Gómez Aguilera, o diretor-geral da Editorial Caminho, José Sucena, e o casal Saramago. Quando Gómez Aguilera e Juan José Ramírez o propuseram, fez-se um silêncio, imediatamente quebrado por José Sucena: "Poderia ser uma boa ideia, ajudaria a manter o legado", disse. "E serviria para intervir política, social e culturalmente no mundo", acrescentou alguém. "Deveria ser internacional", apostava um terceiro. "Uma Fundação que prolongasse a voz do autor", insistiam. José Saramago escutava tudo sem se pronunciar, parecia alheado, olhava o falafel como se fosse a oitava maravilha do mundo. Não pronunciou o habitual "que loucura", que costumava atribuir a projetos que lhe apresentavam e que lhe pareciam desproporcionados, brincava com o copo de malvasia, ouvia. No final, deixou cair um animador "Vamos pensar nisso", e acrescentou: "Nunca, de forma nenhuma, poderá ser um projeto para pagar menos impostos: para mim, pagar é uma obrigação que cumpro pensando não nos Estados, mas nos que os habitam".

A Fundação nasceu meses mais tarde, e nasceu de José Saramago porque foi obra sua, embora outros participassem em sua concepção. A intervenção cultural, o ativismo ambiental e a reclamação dos Direitos Humanos como um dever cívico são as bases dessa instituição, pequena em dimensão, mas não em suas ambições. A Fundação mantém-se porque José Saramago nela depositou um valor inicial e pela doação de um terço dos direitos de autor de sua obra em todo o mundo. É de caráter privado, ainda que trabalhe para o público. Pensou-se manter uma sede em Lanzarote e outra em Lisboa, mas as circunstâncias aconselharam a que se constituísse como uma entidade portuguesa com âmbito de intervenção em todo o mundo. Em Lanzarote viveria José Saramago, mas a partir desse momento passaria a dividir seu tempo com Lisboa. A Fundação estava instalada num piso de um edifício na avenida Gago Coutinho. Até que interveio o então presidente da Câmara Municipal de Lisboa, e agora primeiro-ministro, António Costa, com uma proposta surpreendente: "E se a sede da Fundação se instalasse na Casa dos Bicos?", perguntou com um ar inocente. A resposta de José Saramago, depois das óbvias exclamações de surpresa, foi clara, disse que qualquer escritor, pelo fato de escrever, pode esperar que um dia lhe concedam o prêmio Nobel de literatura, mas que ninguém em seu perfeito juízo poderia pensar em habitar esse edifício histórico e surpreendente que é a Casa dos Bicos. Acrescentou que essa possibilidade superava o prêmio e que haveria que trabalhar muito para merecê-la. José António Pinto Ribeiro, então ministro da Cultura, que assistia à conversa, aplaudiu a decisão. O pacto estava selado.

Meses depois começavam as obras de restauro do edifício, que até então tinha tido utilizações intermitentes e reclamava um tratamento em profundidade que demorou anos para acabar, de tal forma que José Saramago não chegou a utilizar o gabinete que os arquitetos lhe haviam atribuído e que visitou em diferentes idas à obra. "Vou escrever aqui vendo os barcos passar no Tejo?", perguntou a Manuel Vicente, o arquiteto-chefe. Anos depois, quando Manuel Vicente deu os pêsames pela morte de José Saramago, reconheceu sentir-se pesaroso porque o atraso em acabar a obra havia impedido que o escritor "visse os barcos a passar desde seu gabinete". Essa confissão de Manuel Vicente determinou o lugar onde repousariam as cinzas de José Saramago, diante da Casa dos Bicos, sob uma oliveira trazida de sua terra natal, Azinhaga, para que as pessoas que o visitem possam ver por ele os barcos que passam no rio.

José Saramago deixou escrita uma declaração de intenções do que deveria ser sua Fundação.

DECLARAÇÃO DE PRINCÍPIOS

Os objetivos da Fundação José Saramago, nesta data criada, estão enunciados com toda a clareza nas disposições estatutárias pelas quais deverá reger-se. Não têm, portanto, que ser repetidos aqui em Declaração de Princípios. Contudo, pareceu-me apropriado, na circunstância, expressar de modo pessoal umas quantas vontades (ou desejos) que em nada contradizem os referidos objetivos, antes os poderão enquadrar num todo harmonioso e familiarmente reconhecível. Não me dou como exemplo a ninguém, porém, revendo a minha vida, distingo, ora firme, ora trêmula, uma linha contínua de passos que não projetei, mas que, de maneira consciente ou não tanto, me fizeram perceber que nenhuma outra poderia servir-me, ao mesmo tempo que se me ia tornando cada vez mais claro que uma das minha obrigações vitais seria servi-la eu a ela. Ter conhecido Pilar, viver ao seu lado, só viria confirmar-me que tal direção era a correta, tanto para o escritor como para o homem. A direção dos grandes valores, sim, mas também a direção das pequenas e comuns ações que deles decorrem no quotidiano e que lhes darão a melhor validez das experiências adquiridas e das aprendizagens que não cessam. O paradoxo da existência humana está em morrer-se em cada dia um pouco mais, mas que esse dia é, também, uma herança de vida legada ao futuro, que o futuro, longo ou breve seja ele, deverá assumir e fazer frutificar. Nem por vocação, nem por opção nasceu a Fundação José Saramago para contemplar o umbigo do autor.

Sendo assim, entre a vontade e o desejo, eis minhas propostas:

a) Que a Fundação José Saramago assuma, nas suas atividades, como norma de conduta, tanto na letra como no espírito, a Declaração Universal dos Direitos Humanos, assinada em Nova York no dia 10 de dezembro de 1948.

b) Que todas as ações da Fundação José Saramago sejam orientadas à luz deste documento que, embora longe da perfeição, é, ainda assim, para quem se decidir a aplicá-lo nas diversas práticas e necessidades da vida, como uma bússola, a qual, mesmo não sabendo traçar o caminho, sempre aponta o Norte.

c) Que à Fundação José Saramago mereçam atenção particular os problemas do meio ambiente e do aquecimento global do planeta, os quais atingiram níveis de tal gravidade que já ameaçam escapar às intervenções corretivas que começam a esboçar-se no mundo.

Bem sei que, por si só, a Fundação José Saramago não poderá resolver nenhum destes problemas, mas deverá trabalhar como se para isso tivesse nascido.

Como se vê, não vos peço muito, peço-vos tudo.

Lisboa, 29 de junho de 2018

De então para cá, a Fundação José Saramago vem intervindo na vida cultural de Portugal, posiciona-se perante as grandes questões que reclamam solidariedade, apoio ou denúncia, organiza exposições, conferências, convênios e reuniões em que se discutem outras formas de organizar a vida onde todos os seres humanos vejam garantidos seus direitos, *todos os direitos*, como costumava vincar José Saramago.

A Fundação colabora com outras fundações internacionais, participa em feiras do livro na Europa e na América, coopera com universidades, propõe, recebe, intercambia e, quando é necessário, toma partido defendendo coletivos a quem negam o respeito e a igualdade que as leis internacionais proclamam. "A paz é possível, se nos mobilizarmos por ela. Nas consciências e nas ruas", escreveu José Saramago. Dessa militância orgulha-se a Fundação José Saramago e nela pretende continuar.

Por muito incongruente que possa parecer a quem não ande ao tento da importância das alcovas, sejam elas sacramentadas, laicas ou irregulares, no bom funcionamento das administrações públicas, o primeiro passo da extraordinária viagem de um elefante à áustria que nos propusemos narrar foi dado nos reais aposentos da corte portuguesa, mais ou menos à hora de ir para a cama.

A viagem do elefante (2008)

A viagem do elefante

"Sempre chegamos ao sítio aonde nos esperam", escreveu José Saramago no início de *A viagem do elefante*. Se nos esperam de verdade, acrescentava tantas vezes, se há vontade, ânimo, fervor, esperança. A José Saramago esperava-o um elefante que descobriu um dia num restaurante de Salzburgo chamado The Elephant, enquanto jantava com Gilda Lopes Encarnação e outros professores que o tinham convidado para falar de literatura na universidade. "Que faz ali a Torre de Belém?", perguntou. E quando lhe contaram que esse elefante teve vida real, que cruzou a Europa por um capricho do rei português d. João III, que quis oferecê-lo ao seu primo, Maximiliano de Áustria, soube que escreveria a história desse elefante do século XVI. Esperou dez anos desde o momento da descoberta, mas acabou por contar, com ironia, humor e uma grande compaixão, a história de Salomão, o elefante que pertencia à corte portuguesa e que teve um destino azarado. Atravessou meia Europa, como se disse, Portugal, Espanha, Itália, os Alpes e chegou à Áustria, onde não teve uma boa vida, e como poderia tê-la tido se os animais, incluindo os que eram ofertas diplomáticas, não eram dignos de respeito, serviam para exibir, dar um passeio sobre eles, e deixá-los morrer de solidão e tristeza. As vidas de muitos seres humanos também são assim, um percurso mais ou menos longo, cheio de ansiedades e dores, poucas satisfações, alegrias, as mínimas, e a morte esperando como se haver nascido não implicasse viver ativa e conscientemente.

Escrever esse livro, que nasceu numa circunstância festiva em Salzburgo, converteu-se para José Saramago num projeto de vida. O desejo de contar a história do elefante, quer dizer, de refletir sobre a existência humana, ajudou-o a manter-se vivo enquanto a medicina atuava em seu corpo. Quando finalmente se sentou diante do computador, fê-lo com uma enorme alegria e com a sensação de ter recuperado uma parte do idioma português que permanecia oculta pelas distintas camadas que os anos e as culturas vão depositando sobre os sedimentos. A doença alterou o mundo subconsciente, trouxe à luz palavras e atitudes que tinham sido suas noutras épocas, abriu caminhos que não recordava que existissem. *A viagem do elefante* é também uma viagem pelo interior de José Saramago e pela alegria de estar vivo e de poder contar com ferramentas do presente o que foi passado. Foi como se a doença, o estado de coma, tivesse produzido em seu interior uma síntese de tempos, passado, presente, futuro, e tudo estivesse emocionalmente vivo e ativo, circulando por suas veias, vivificando o que tocava. Foi uma epifania a escrita desse livro e assim o entendem os leitores: esse livro foi interpretado em música, pintura e teatro em numerosos países, para além das traduções e reedições, que são contínuas.

A viagem do elefante foi escrito na biblioteca d'*A Casa*. O escritor entrava, punha música para os livros que esperavam nas estantes, sentava-se, abria o computador, esfregava as mãos, respirava, escrevia a primeira palavra. Javier Muñoz ajudava-o procurando dados de que necessitava, mas José Saramago percebeu que lhe faltava algo, e esse algo chegou-lhe através de um escritor indiano que tinha conhecido pouco tempo antes de ter ficado doente e que se chama Subhro Bandopadhyay. Subhro tinha passado uma temporada na Espanha, onde ganhou vários prêmios literários e deixou boa memória. Anos antes, o jovem escritor tinha cuidado de elefantes, portanto pôde facilitar dados próximos e emocionais sobre o comportamento desses animais, que não figuram nos tratados e que, sem dúvida, ajudaram a construir uma personalidade para o elefante Salomão, ainda que sem incorrer na tentação de humanizá-lo, coisa que José Saramago não faz, elefante nasce e elefante continua até chegar a Viena. O cornaca que cuida do elefante no livro chama-se Subhro, em homenagem ao escritor que, estando tão longe, ajudou José Saramago como fazem os bons companheiros.

Antes de ficar doente, José Saramago tinha prometido ao seu editor brasileiro Luiz Schwarcz que o livro se apresentaria pela primeira vez em São Paulo, e assim foi. Com todos os cuidados e atenções, o autor viajou para o Brasil, como sempre para a casa de Luiz e Lili, que o esperavam com todas as atenções à disposição: médico atento, massagista, carros confortáveis, todos os cuidados que resultam do respeito e do carinho. A apresentação do livro foi uma festa. Improvisando no grande auditório do Sesc, José Saramago comparou a viagem que o elefante fez às vidas humanas, cheias de obstáculos e de promessas que não se cumprem, com finais tristes, tantas vezes povoadas de abandonos e de frustração. Apesar da melancolia das palavras estava a firmeza de poder dizê-las, possível emancipação dos seres humanos diante de seus destinos. A sala, em pé, soube o que aplaudia quando aplaudia José Saramago. Depois o escritor viajou para o Rio, até à Academia Brasileira, dedicou livros, conversou com seus pares, brincou com uns e outros porque a felicidade de ter cumprido a promessa de viajar para o Brasil se tinha consumado contra todos os prognósticos.

Depois da apresentação do livro, das conferências de imprensa e dos encontros com escritores e escritoras, outra surpresa esperava José Saramago, nada mais, nada menos que encontrar Lanzarote no Brasil. A exposição *A consistência dos sonhos*, de Fernando Gómez Aguilera e da Fundação César Manrique, viajou até São Paulo e no Instituto Tomie Ohtake mostrou todo o seu esplendor. Dizia naquela tarde-noite José Saramago que não sabia se poderia resistir: a terra de Lanzarote, seus livros, as páginas manuscritas, a imagem dos vulcões, sua aldeia natal, seus avós, seus pais, sua filha, os amigos, os livros traduzidos, certas declarações políticas, as fotografias com gente com quem tanto tinha amado, estavam aí. O acumular de emoções fez com que tivesse de pedir a quem o acompanhava que o sustivesse. "É demasiado, Fernando, é demasiado", sussurrava a Fernando Gómez Aguilera, sempre discreto, que explicava as diferentes opções, a oliveira à entrada da exposição, transportada num barco desde Portugal, como todo o material, os cadernos de notas, a medalha do Nobel, os telegramas dos amigos, determinadas cartas, o suave resumo de uma vida passando diante dos olhos de José Saramago a milhares de quilômetros de suas pátrias, nessa outra pátria, nessa tarde de celebração.

E aconteceu o inesperado: na viagem entre o Rio de Janeiro e São Paulo anunciou que haveria um novo livro, *Caim* seria o título e já tinha a história formada em sua cabeça. Pela noite, no estúdio da grande mulher que era Tomie Ohtake, com ela e com seus filhos, com Luiz e Lili, com Fernando Meirelles, Miguel Gonçalves Mendes e outros amigos, contou que não queria morrer sem refletir sobre as primeiras páginas da Bíblia, sobre o crime que Caim perpetrou contra Abel sob o olhar onipotente e onipresente de Deus. Todos reagiram perplexos a essa notícia, acabavam de ser testemunhas da apresentação de *A viagem do elefante*, supunham que esse livro seria um bom encerramento de carreira, tinham visto um homem debilitado fisicamente e, no entanto, aí estava outra vez, levantando-se de sua debilidade para dizer que nem tudo está claro na relação dos seres humanos com o divino e que regressar à origem com olhar livre poderia ser seu último trabalho, a que não poderia renunciar apesar das dificuldades que comportasse. "Deus pegou a mão de Caim, Deus parece gostar de sangue", disse, citando uma frase que já havia escrito antes em *O Evangelho segundo Jesus Cristo*. Este novo livro seria a conclusão daquele que terminava com uma frase, ou um pedido, posto na boca de Jesus Cristo: "Homens, perdoai-lhe, porque ele não sabe o que fez".

No Brasil, em sua última viagem a essa terra, José Saramago anunciou que se ocuparia do ser supremo que nem Jesus Cristo conseguiu entender, muito menos um autor ateu, respeitoso dos sentimentos religiosos das pessoas, radicalmente contra os dogmas que são exigidos aos crentes. E que, tantas vezes, ao longo da história, conduzem ao fanatismo e à tentativa de extermínio dos outros.

Assim que chegou a Lanzarote, depois das apresentações em Lisboa e em Madri de *A viagem do elefante*, José Saramago começou a escrever *Caim*, alternando a escrita desse livro com reflexões diárias publicadas em seu blog e com alguma outra viagem a Portugal e à Itália. Sofreu várias hospitalizações, mas nunca perdeu a curiosidade nem a capacidade de trabalho. Viver era começar o dia, e assim viveu, construindo muitos outros dias, com a indestrutível vontade de chegar ao último sem ter posto, em nada, a palavra fim.

Lisboa recuperada

A criação da Fundação José Saramago e a posterior oferta para habitar a Casa dos Bicos significaram um estímulo para que José Saramago decidisse passar mais temporadas em Lisboa, com os amigos portugueses, ouvindo o doce som do português de que tanto sentia falta em Lanzarote, já que em sua casa se falava espanhol porque não podia suportar os esforços de quem o rodeava para expressar-se em sua língua. "Deixem, não tentem, sois incapazes", lamentava-se quando com boa vontade tentavam construir em português uma frase e esta saía, uma e outra vez, como se fosse uma brincadeira cada vez pior. "Cada um falará no seu idioma e todos nos entenderemos", foi a decisão, embora com os que não pertenciam ao círculo íntimo tivesse de usar o idioma local, de forma que na casa do escritor português se falava espanhol, com o que fica demonstrado que as contradições não são alheias à vida das pessoas nem ao decorrer das situações. O que sim está claro é que, nos últimos anos de sua vida, José Saramago passou a ter maior necessidade de seu idioma, a valorizá-lo, a sentir-se cômodo nele, a sentir-lhe a falta quando não o tinha. A saudade do português chegou ao ponto de escrever esta crônica depois de sair do hospital, onde passou uns dias por um problema grave que mereceu esse cuidado:

Quando hoje saí do hospital, fresco como uma rosa, trazia comigo duas satisfações. Uma, a de me ter visto livre, finalmente, de uma impertinente bronquite que há meses, com altos e baixos, parecia não querer largar-me, mas que desta vez teve de resignar-se a ir à procura doutro hospedeiro. Oxalá não o encontre. A segunda satisfação era de diferente natureza. Sucede que neste pequeno hospital de Lanzarote, certamente com surpresa de quem me leia, trabalham nada mais, nada menos que dezessete ou dezoito enfermeiros vindos de Portugal, da província do Minho na sua maior parte. Sucede também que, antes de sair, tive de fazer uma radiografia ao tórax para que ficasse devidamente documentado que o paciente, como costuma dizer-se, está bem e recomenda-se. Eu levava posto o que hoje chamamos um "jersey", portanto foi um "jersey" que despi e deixei em cima de uma cadeira. O enfermeiro, português de Felgueiras, devia verificar se as chapas haviam resultado tecnicamente satisfatórias e, para isso, teve de passar para um compartimento ao lado. Disse: "São só dois minutos, depois dou-lhe a camisola". Creio que estremeci. Não tornara a ouvir a palavra desde há uns trinta anos, talvez mais, e aqui, em Lanzarote, a dois mil quilômetros da pátria, um jovem enfermeiro de Felgueiras, sem o imaginar, dizia-me que a língua portuguesa ainda existia. Abençoada bronquite.

Último caderno, 2009

Este simples episódio explica o importante que era ouvir seu idioma e, portanto, habitar sua casa de Lisboa durante temporadas maiores do que vinha sendo habitual. Foi a experiência da doença, foi a escrita de *A viagem do elefante*, foi a Fundação. De repente,

José Saramago deixou de se sentir deslocado, como se uma nuvem negra que tudo cobria tivesse desaparecido, demonstrando o que de belo existia para gozar na cidade "que de todas é princesa", como dizia Camões e que cita em *Palavras para uma cidade*, um texto recuperado no *Caderno*, o blog que escrevia com vontade de trazer novidades de seu dia a dia, de oferecer textos perdidos, publicados em revistas, livros coletivos ou declarações feitas para uma ocasião que de repente precisou trazer para a luz como outra forma de agarrar-se à vida. Nos textos do blog, publicados sob os títulos de *O caderno* e *O último caderno*, há muita memória e vê-se o empenho de se sentir no seio de sua história. A Fundação, com essa nova vida de José Saramago, foi um grande consolo, atuou como uma ligação diária com sua comunidade através dos textos que publicava, das atividades que se iam organizando ou da simples conversa com seu diretor, Sérgio Machado Letria, cotidiana e permanente, de tal forma que José Saramago se sentia residente em suas terras.

Com a Fundação ainda não instalada na Casa dos Bicos, iniciou-se uma série de sessões que iriam do Teatro Nacional de São Carlos à Casa do Alentejo, da Biblioteca Nacional ao Palácio Galveias, sempre com nomes cimeiros da cultura como os de Jorge de Sena, Jorge Luis Borges, Rodrigues Miguéis, Sophia, Eugénio de Andrade ou Carlos de Oliveira, sobre os quais a Fundação recebeu o encargo de velar. Também com Lisboa no coração, e com sua casa presidida por uma Blimunda de autoria de Rogério Ribeiro, José Saramago começou uma série de viagens pelo interior de Portugal. Decidiu ver no verão o que havia visto no inverno, com chuva o que contemplou sob o sol, voltar às terras já percorridas como fizera quando preparava o livro que lhe permitiria ser o escritor que foi, quer dizer, *Viagem a Portugal*. Essas viagens que a Fundação organizava eram um descanso, o cumprimento afetuoso com pessoas que já ali estavam quando escreveu *Viagem a*

Portugal, amigos com quem retomava uma conversa como se não tivesse passado o tempo porque, diziam-lhe, o homem que um dia por ali passou para descrever suas terras e suas vidas não tinha sido esquecido. Portugal foi seu caminho e, quando regressava a Lanzarote, fazia-o fortalecido pelas novas vivências acumuladas, pelos olhares acrescentados, os abraços partilhados, o demonstrado amor.

Ia um dia José Saramago pela avenida Guerra Junqueiro, pelo passeio da direita quando se desce para a Alameda, quando vê vir de frente uma mulher grávida. Cavalheiresco como era, faz um gesto de cortesia para que a senhora passasse pelo lado interior do passeio. Então, ela, uma mulher jovem e bonita, diz: "Não, sr. Saramago, passe o senhor, deixe-me poder dizer à minha filha", e pôs a mão sobre o ventre, "que um dia as duas demos passagem a José Saramago". Foi emocionante. José Saramago pegou-lhe nas mãos, talvez as tenha beijado, havia demasiadas lágrimas no ambiente para poder sabê-lo com certeza. Depois ambos seguiram seu caminho. O de José Saramago levava-o ao dentista; o dela, da mulher grávida, talvez algum dia o conte, ou sua filha.

Residência de escritores

Partilhar não é um verbo que se use muito entre os escritores, embora para isso escrevam. Dizem que quando escrevem não pensam nos leitores e isso deve ser verdade, perderiam a liberdade se assim ocorresse, mas se não tivessem uma necessidade imperiosa de comunicar com outros não se sentariam diante de uma máquina durante horas, dias e anos para contar o que lhes vai dentro, as inquietações, as ansiedades, as desolações, as frustrações e as esperanças, narrando a partir da dimensão do mundo e do tempo abstrato da criação, que tanto exige. "Alguém que não seja eu num lugar que não seja este", repetia uma e outra vez José Saramago. Esse é o escritor. E do outro lado do eu incerto, mas por sua vez sólido, estão os leitores.

Os escritores reconhecem-se. Não falam entre si sobre os livros que publicaram, não perguntam mutuamente, isso fica para os acadêmicos, os críticos literários e os professores. Eles, os escritores, sabem o esforço que há por trás de cada título, o tempo, as dúvidas, as inseguranças. Não importa que sejam novatos ou autores consagrados: até que os editores não respondam à entrega de seus textos vivem com o coração em suspenso. José Saramago não escapa a essa regra, respirava apenas quando Zeferino Coelho, Maria Alzira Seixo ou José Manuel Mendes, que costumavam ser seus primeiros leitores, lhe confirmavam que o que tinham lido estava bem, que fosse em frente. Aí já começavam os planos para a publicação e para o lançamento, a ida e a vinda das provas. Rita Pais era a encarregada da revisão portuguesa, mandava dúvidas por fax até ao momento em que já era necessário o autor sair de Lanzarote e instalar-se em Lisboa. Aí se verá sair o livro da gráfica, se cheirará, tocar-se-á, acariciando-o, durante uns instantes será objeto próprio, vida da própria vida, insubstituível. Passará esse momento, chegarão os jornalistas, organizar-se-ão a apresentação, as assinaturas de exemplares, o contato com os leitores: então, o livro pouco a pouco pertencerá a outras pessoas, o escritor começará a perdê-lo de vista quando o leitor o leve dentro de um saco, "assina meu livro?", dirá o leitor. E o escritor saberá que já o perdeu. A seguir terá de se pôr a pensar noutra história, embora ao chegar a casa talvez sinta um calafrio, uma sensação de solidão e impotência que apenas se resolverá com compreensão. E, sendo possível, um beijo.

O que tem uma pessoa de mais íntimo? Será o nome que o define e apresenta aos demais? José Saramago respeitava os escritores de tal maneira que cedeu seu nome para a criação de um prêmio literário em língua portuguesa para escritores com menos de trinta e cinco anos. Com esse prêmio, economicamente generoso, pretendia-se ajudar escritores que começavam a trilhar o difícil caminho da literatura. O prêmio José Saramago foi revelando e consolidando autoras e autores que estão entre os melhores de seus respectivos países, Brasil, Angola ou Portugal. Para José Saramago, ir vendo crescer esses jovens na literatura e na vida, encontrar seus livros noutros idiomas e países, era uma satisfação. Quis ter uma outra: que Lanzarote fosse Residência de Escritores, e para isso construiu sobre a biblioteca uma casa que pudesse acolher temporariamente companheiros que desfrutassem da paz de Lanzarote, escrevessem na ilha, vissem o mundo interior e exterior a partir dela, a partir da proteção e do afeto, da magnífica liberdade do espaço aberto.

A Residência de Escritores não chegou a concretizar-se porque a morte interrompeu muitos sonhos. É verdade que María Kodama viveu uns dias nessa casa, e que Ángeles Mastretta veio depois despedir-se de José Saramago, deixando seu espírito esvoaçando por esse espaço. Também o então ministro da Cultura de Portugal, José António Pinto Ribeiro, soube o que é dormir sobre uma biblioteca quando chegou a Lanzarote para abraçar José Saramago e concertar com a Fundação César Manrique que a exposição *A consistência dos sonhos* se instalaria em Lisboa num lugar principal, o Palácio da Ajuda, o que aconteceu para bem de tantos. Mas a casa da biblioteca não se converteu em residência de escritores, não houve financiamento privado para dar bolsas aos escritores que viajariam de qualquer país do mundo, a crise econômica fez com que o mecenato se retraísse, ainda para mais sem José Saramago a convocar. A não realização desse projeto foi vivida com tristeza n'*A Casa*, onde tanto se tinha falado de ter como vizinhos homens e mulheres que escrevem, que passariam uma temporada em Tías, que antes de partir ofereceriam uma sessão a leitores e leitoras de Lanzarote, em cujos livros se diria que escreveram numa ilha que também é casa e numa casa construída com livros e habitada por todos os autores que se encontram na biblioteca. Teria sido belo, mas não foi possível essa outra maneira de partilhar, que as pessoas que assumiram o desafio de continuar o sonho de José Saramago continuam a viver como um fracasso.

*Quando o senhor, também conhecido como deus, se aper-
cebeu de que a adão e eva, perfeitos em tudo o que apresentavam à vista, não lhes saía uma palavra da boca nem
emitiam ao menos um simples som primário que fosse,
teve de ficar irritado consigo mesmo, uma vez que não
havia mais ninguém no jardim do éden a quem pudesse
responsabilizar pela gravíssima falta, quando os outros
animais, produtos, todos eles, tal como os dois humanos,
do faça-se divino, uns por meio de mugidos e rugidos,
outros por roncos, chilreios, assobios e cacarejos, desfru-
tavam já de voz própria.*

Caim (2009)

Caim

Com *O Evangelho segundo Jesus Cristo*, José Saramago não tinha posto fim à sua relação com Deus. A frase "Homens, perdoai--lhe, porque ele não sabe o que fez", com que acaba o livro, continuava a ressoar em sua cabeça. Não sabe o que fez? Não sabe? Mas se é Deus... E então, ainda que conhecesse seu diagnóstico médico e que o tempo de sua vida chegava ao fim, começou a escrever, com certa urgência, com rigor, o que lhe faltava dizer sobre essa história fundacional da civilização judaico-cristã, esse desencontro permanente dos homens com a ideia de Deus que tanta dor e morte foi produzindo ao longo dos séculos.

Caim, chamado de primeiro criminoso da história, é olhado por José Saramago como uma vítima: Deus submeteu os filhos Adão e Eva a um jogo e o resultado é que Caim mata Abel. E apesar disso, Deus não condena à morte Caim: assumindo que o autor intelectual do crime não foi sua criatura, deixa-o na terra e José Saramago aproveita essa longuíssima vida para manifestar a crueldade de Deus, os diferentes momentos em que o sangue derramado se impõe como se o ser supremo necessitasse da desolação e da guerra para respirar. Caim converte-se no narrador de diferentes episódios bíblicos pelos quais circula porque na ficção tudo é possível. Matou seu irmão porque não pôde matar Deus, o resto de sua vida será a prossecução desse objetivo. Pelo meio, encontrará a possibilidade do amor com Lilith, a primeira mulher que não se submeteu às regras patriarcais, e viverá situações bíblicas que todos os leitores conhecem e às que o autor, página a página, dá outro sentido. Assim avança, até o momento em que se encontra com Noé e sua arca e, por fim, o filho de Adão e Eva, "a primeira dama", concebe o modo definitivo de cumprir sua missão. Deus, para existir, necessita dos seres humanos que o nomeiem. Deus morrerá com o último ser humano.

Esse livro conta situações terríveis, truculentas, e fá-lo a partir da visão do autor, ateu e humanista, que se compraz em usar a razão contra o dogma de fé, também a ironia e o humor, mais visíveis nesse título que em outros, talvez porque o assunto necessite de pontos de apoio para respirar. Não é um livro mais, nem sequer um ajuste de contas, é o culminar de uma vida literária e humana em que nada pode ficar por dizer. José Saramago não tinha medo nem do juízo de Deus nem das críticas dos poderes religiosos ou sociais, com esse livro queria, simplesmente, terminar o retrato de Deus, do fator Deus, começado tantos anos antes.

Apesar do que digam os simplificadores, as religiões não incomodavam José Saramago, não se lhes opunha como se um mandamento laico ou marxista lho exigisse. O homem que era respeitava, já se disse, as diferentes formas de entender a religiosidade como um direito de cada ser humano e também como um dever seu. Tinha em sua casa, e agora na Fundação em Lisboa, uma pequena coleção de deuses de várias culturas e épocas porque, dizia, essas imagens acumulam olhares de milhões de seres humanos e são, ou foram, depósito de esperanças e, em muitos casos, a única relação de homens e mulheres com algo que transcende a luta diária para sobreviver. Não eram as imagens de Buda, ou de Jesus Cristo na cruz, ou de diversos deuses tribais o que lhe interessava, mas sim os olhares que cada figura perpetua, por isso José Saramago se aproximava tanto delas, as tocava, tratava de sentir os medos que essas representações vêm provocando desde a noite dos tempos. E as súplicas que geram aqui e ali, agora e antes, também a entrega que exigem, de culturas ou pessoas, e que às vezes apenas se satisfazem pela imolação ou pela guerra santa, como a história mostra e o presente demonstra. Quando houve o ataque às Torres Gêmeas de Nova York, José Saramago escreveu um artigo que foi publicado em jornais de numerosos países, intitulado "O fator Deus", no qual deixa claro seu pensamento. O fator Deus mata.

Caim é um testamento. Será que os seres humanos não têm saída? É Deus ou são os seres humanos que gostam do cheiro de sangue? Essas perguntas pairavam pel'*A Casa* enquanto José Saramago escrevia o livro e contemplava o espetáculo do mundo e da história e abanava a cabeça em sinal de incompreensão. Custava-lhe aceitar que isto, a Humanidade, apesar de tantos avanços científicos e tecnológicos, não fosse mais igualitária que quando nasceu, e que mais cedo que tarde iria morrer sem o consolo de ver atendidas as súplicas de tantos de seus contemporâneos, que pareciam nascidos apenas para ser vítimas.

Durante as muitas viagens que realizou à Argentina, José Saramago nunca se encontrou com o professor de literatura e arcebispo de Buenos Aires, Jorge Bergoglio. Nem chegou a ver um papa jesuíta que escolheu, ao ser eleito sumo pontífice da Igreja católica, o nome de Francisco, como seu protagonista na peça de teatro *A segunda vida de Francisco de Assis*. Uma pena: os comentários que o escritor português teria feito não chegaram aos leitores, suas análises sobre a forma de ver e de entender a teologia da libertação desse papa, não se produziram porque a morte se cruzou no caminho. No silêncio do não acontecido ficará também o que teria dito o papa — em público ou em privado — se durante seu pontificado tivesse morrido José Saramago, tão incômodo para o Vaticano como ficou registrado quando seu órgão oficial deu a notícia do falecimento. Jorge Bergoglio e José Saramago não se cruzaram apesar de partilharem a paixão pela literatura, o amor por Borges, o interesse pelas religiões, talvez o desconsolo diante do fator Deus. Talvez.

Caim é um romance, também uma possibilidade de humanismo, o ser humano no centro de todas as coisas. Podendo ser entendido como um projeto de libertação e de igualdade, é, desde logo, uma ficção com muitas narrativas dentro. José Saramago sabia que lhe restavam poucos meses de vida e quis partilhar essas reflexões num último ato de respeito para com a condição humana.

Naqueles dias havia sempre amigas em casa

Não combinaram, mas iam chegando a Lanzarote amigas que nunca tinham passado pela ilha, ou que havia algum tempo não apareciam, ou que, sem grandes explicações, encontravam uma desculpa para estar ali e dividir com José Saramago os momentos que o trabalho ou o avanço da doença permitiam.

Chegaram da Argentina ou do México, de Portugal, da Alemanha, da Itália, da Espanha. Eram escritoras como Ángeles Mastretta, uma das últimas a passar pel'*A Casa*, ou Nicole Witt, sua agente literária, Annie Morvan, sua editora francesa, ou Pilar Reyes, sua última editora em espanhol; ou Patricia Kolesnicov, sempre tão próxima apesar de viver em Buenos Aires, ou Lola Cintado, Mamen Otero ou Marta Carrasco, amigas de toda a vida. Também de Portugal chegaram Carmélia Âmbar, Antonietta Tessaro ou Teresa Beleza, que irromperam em grupo, ruidosas quase todas, imprescindíveis na hora de ouvir um concerto, tomar o café no jardim ou simplesmente estar. Ou pintar, como Cisela Björk, ou escrever, como Mercedes de Pablos. A verdade é que uma sucessão de mulheres foi passando pel'*A Casa* trazendo em sua bagagem parte do mundo, esse que José Saramago amava e ao qual sabia que não poderia voltar porque seu estado se tinha debilitado e já não havia lugar para milagres, nenhum elefante, com seus barridos, o conduziria através da neblina até o porto de salvação. Essas mulheres diferentes, com Juan José e Óscar sempre por perto, transformavam a casa, eram as vozes de que o espaço necessitava, o alento e os passos que nunca se detinham. Formavam-se tertúlias, improvisou-se uma sala de cinema para voltar a ver os filmes que fizeram grande o século XX, voltou-se a rir com *Pat & Patachon* e, sobretudo, escutaram-se os concertos que os vídeos guardavam como uma mostra inquestionável do avanço da humanidade, perdão, da tecnologia. José Saramago por vezes dirigia a orquestra com pulso firme e com a mesma firmeza mandava calar as amigas que respeitavam menos que ele a magia da tela que, uns instantes antes, era um retângulo branco e que, de repente, ó prodígio, se tinha transformado numa filarmônica que trazia harmonia ao mundo. José Saramago assistia regalado a essas tardes musicais, tantas vezes com Bach, outras tantas com Mozart, com Beethoven, sempre recebidos com humana paixão, essa que faz com que os espíritos se unam, a sensibilidade de uns e outros engrandecendo o universo, o tempo parado, não existe passado nem morte, apenas este concerto é a vida.

E chegaram as famílias, a de José Saramago, Violante e Danilo, os cunhados e cunhadas. Uns vinham da Madeira, outros da península, cada um trazia um presente sempre óbvio: tornar mais agradáveis os dias de José Saramago, aumentá-los, se tal fosse possível. Como também quis aquela jovem uma tarde na Feira do Livro de Lisboa, quando contou que seu sonho seria levar uma ânfora, qual Blimunda, e ir pedindo tempo às pessoas com quem se cruzava: "Dá-me um minutos, uma semana, umas horas, estou a ganhar tempo para o entregar a José Saramago", dizia emocionada e emocionando os que a escutavam. Disso se tratava naqueles dias estranhos, de tornar agradável o ambiente, de realçar a beleza acumulada em anos de vida vivida. *A Casa* não se transformou em hospital nem lugar de tristeza, havia confusão entre as idas e vindas de uns e de outros, risos, abraços e jantares com brindes. "Que celebramos hoje?" era uma pergunta habitual e havia sempre um motivo para levantar copos e para nos sentirmos passageiros de um barco, ou jangada de pedra, que ia navegando sem turbulências, sem tempestades, numa calma serena e atenta. Às vezes, a fortuna permite que os finais estejam de acordo com o que foram as existências, o culminar de uma experiência vital apresenta-se sem dramatismos, como um pôr do sol que de tão suave se crava no coração.

As circunstâncias daquele período singular não significaram a diminuição de atividades n'*A Casa*. Saro, Javier, Pastora, Íñigo não deixaram de se comunicar diariamente com a Fundação em Lisboa, com as editoras que iam reeditando obras, com os meios de comunicação daqui e dali, que sempre enviavam uma pergunta, ou muitas, pura curiosidade jornalística. Mantiveram-se ativos os programas de Lanzarote e de Lisboa, continuou a avançar-se no projeto da Fundação como encontro de culturas, agora talvez com o passo mais firme porque o tempo urgia. José Saramago escrevia ou ditava textos para seu blog que, todas as noites, à zero hora, por obra e graça de Javier Muñoz e de Sérgio Machado Letria, se publicavam na página da Fundação nos dois idiomas e a cada dia apareciam no *Diário de Notícias*.

O último texto já não o pôde escrever, disse simplesmente que queria publicar e ditou duas simples palavras. Aconteceu assim, era 2 de junho de 2010 e José Saramago via o telejornal das três da tarde na Televisão Espanhola quando uma notícia lhe prendeu toda a atenção: a flotilha da paz que pretendia romper o cerco a que estava submetida a Faixa de Gaza, e que transportava material escolar e sanitário, foi atacada pelo exército israelense com uma violência inusitada. Saramago contemplava as imagens com a atenção que o assunto exigia. Olhava o televisor como que hipnotizado, talvez pensando que se a doença não o tivesse impedido, ele estaria ali, nessa flotilha, quando umas palavras o comoveram particularmente. Eram estas: "Entre os membros da flotilha da paz, encontrava-se o escritor sueco Henning Mankell". Rapidamente, José Saramago pediu que se abrisse seu blog, porque queria escrever. Ditou "Obrigado, Mankell", nada mais. Essa tarde José Saramago sentiu não poder fazer nada nem pelos mortos do ataque nem pelos palestinos que sofriam o bloqueio, embora o gesto solidário de um companheiro de letras a bordo dessa flotilha de paz justificasse sua ausência. "Obrigado, Mankell": essas duas palavras são a última entrada em seu blog, a última coisa que escreveu ou ditou em sua vida. José Saramago morreu dezesseis dias depois.

O homem chama-se artur paz semeado e trabalha há quase vinte anos nos serviços de faturação de armamento ligeiro e munições de uma histórica fábrica de armamento conhecida pela razão social de produções belona s.a., nome que, convém aclarar, pois já são pouquíssimas as pessoas que se interessam por estes saberes inúteis, era o da deusa romana da guerra. Nada mais apropriado, reconheça-se.

Alabardas, alabardas, espingardas, espingardas (2010)

Alabardas, alabardas, espingardas, espingardas

São muitos os autores da grande literatura portuguesa que, de uma forma ou de outra, José Saramago homenageia em sua obra, ainda que dois nomes sobressaiam: Camões, protagonista absoluto da peça de teatro *Que farei com este livro?*, e Fernando Pessoa, em *O ano da morte de Ricardo Reis*. Outras personalidades ou obras imprescindíveis podem ser encontradas nas páginas de José Saramago, piscadelas de olho, cumplicidades que o autor não dispensava e que os bons leitores sabem ver e de que desfrutam. Na que sabia viria a ser sua última obra, voltou novamente a essa militância literária escolhendo como título do livro que pensava escrever um verso de *Exortação à guerra*, de Gil Vicente, o sonoro *Alabardas, alabardas, espingardas, espingardas* que, por razões de economia literária, se ficou por um simples *Alabardas* em algumas traduções.

Não é um mistério a paixão com que José Saramago se pôs a escrever este livro, contou-o muitas vezes, tantas que nas apresentações de *Caim* em Lisboa, Madri ou Lanzarote falou mais de *Alabardas* que do filho de Adão e Eva, apesar de este ser um tipo conhecido, de vida longa — vários séculos de idade —, de quem José Saramago narra as peripécias bíblicas que foi protagonizando com a liberdade usada pelo escritor diante do mistério, dos dogmas, das religiões e da tradição. Ocorreu algo de forma surpreendente e foi que, quando José Saramago acabou *Caim*, sentiu que tinha fechado sua relação com Deus, que o ser supremo já não era um personagem que lhe interessasse, que os conflitos patentes em *O Evangelho segundo Jesus Cristo* e em *Caim*, quer dizer, a culpa e a responsabilidade, estavam tratados. Deus tinha sido retratado, agora seu interesse regressava ao campo humano, o escritor regressaria à humanidade de que fazia parte tratando de descobrir, sem preceitos religiosos, se os seres humanos respondem aos reptos do mundo com a razão e a consciência que os distinguem de outros seres vivos, ou simplesmente ignoram essas qualidade e se deixam levar pela molícia, a irresponsabilidade, a indiferença ou as diretrizes que, de forma suave ou feroz, o sistema impõe.

José Saramago começou a escrever *Alabardas* empurrado não por algumas das grandes ideias que movem o mundo, mas sim por uma pequena, dessas que o salvam. A memória da notícia de uma bomba lançada pela aviação franquista sobre Badajoz durante a Guerra Civil de Espanha e que não causou estragos porque, como estava escrito no papel que levava dentro, em português, "esta bomba não matará ninguém, não explodirá", essa memória forte e próxima, acompanhou-o durante anos e a partir dela quis construir sua última ficção, se para isso houvesse tempo. Situa a ação numa empresa de armas portuguesa, Fábrica Braço de Prata, hoje convertida em lugar de lazer e cultura. Ali trabalha um honesto funcionário administrativo, um homem bom que cumpre todas as normas e que nunca infligiria danos a ninguém. Trabalhar numa fábrica de armas não lhe provocava nenhuma contradição. Até um dia. A partir desse momento, a ação decorre com o estilo literário próprio de José Saramago, sua cadência, seu uso do diálogo introduzido na narração, seu convite aos leitores para que leiam participando, dando sua própria entoação, sua fina ironia, e, de alguma forma perceptível, uma certa irritação diante da realidade que descreve. Num momento concreto, a narração exigiu-lhe um laborioso trabalho de investigação, que começou a realizar, mas as forças abandonaram-no, havia dias em que não conseguia abrir o computador. Outros, sim: relia, corrigia. Ultimou, em seu habitual caderno de notas, o projeto completo do que deveria ser o livro, os vários capítulos, o desenvolvimento dos personagens, e até deixou escrito a que viria a ser sua última frase, "O livro terminará com um sonoro 'Vai à merda'", proferido por uma mulher, Felicia, para um homem, seu marido, que não consegue entender que sem ele o mundo não estaria completo, que sem sua opção vital o caos avançaria porque os seres humanos têm essa condição, serem todos imprescindíveis.

José Saramago não terminou *Alabardas*. Anos depois de sua morte, várias editoras associaram-se e decidiram publicá-lo acompanhado de textos de duas pessoas singulares: Fernando Gómez Aguilera, que acompanhou o processo criativo desse livro e os últimos instantes do amigo, e o escritor italiano Roberto Saviano, que vive ameaçado tendo de proteger-se das armas e dos que as manejam, autorizam, fabricam, como dos que, por indiferença ou por resignação, as permitem. *Alabardas*, a última obra de José Saramago, é um manifesto contra a resignação.

18 de junho em Lanzarote

O dia não nasceu para que a morte nele se instalasse, mas a morte chegou. Fê-lo sem sobressaltar nem provocar dor, com a estranha serenidade dos momentos que se seguem uns aos outros. Assim foi: um momento antes estava, depois já não, apenas ficava no ambiente um sentimento de gratidão, a vida esteve bem, que essa percepção predomine. José Saramago foi generoso com a vida, não deixou nada por viver, foi sempre consciente de que viver é um dom que há que aproveitar e, talvez por isso, a vida o tenha abraçado e quando teve de entregá-lo, fê-lo com amor. Não houve tragédia n'*A Casa* no dia 18 de junho de 2010. Sim, um íntimo e profundo luto que se transmitia apenas por olhares, apenas pelo silêncio.

Logo chegou a voragem. O ato de despedida seria em Lisboa. António Costa, então presidente da Câmara Municipal de Lisboa, que telefonou para se inteirar do estado de saúde de seu amigo, foi a primeira pessoa a saber da notícia da morte de José Saramago e encarregou-se de organizar a despedida. Em tudo foi exemplar. Antes de se iniciar seu regresso a Portugal, decidiu-se que José Saramago passaria por sua biblioteca: ali se instalou a capela-ardente, no centro da sala, rodeado de seus livros, ouvindo-os em sua última noite, essa que deveria ser apenas sua na casa construída de livros. Foi-o. Muitas pessoas passaram ao longo da tarde pela biblioteca, chegaram dezenas de coroas de flores de instituições e amigos dos mais diversos lugares do mundo, passaram também leitores que levavam livros, a família a todos ia recebendo, houve uma leitura de *O Evangelho segundo Jesus Cristo*, Maria e Jesus regressando de enterrar José, a comoção descrita por José Saramago, as lágrimas do livro e as que o dia trouxe, a necessidade de continuar a viver de outra maneira, assumindo mais vida na própria vida.

Na manhã seguinte, o avião disponibilizado pelo Estado português deveria partir para aquela que seria a última viagem de José Saramago. Antes os amigos de tantos anos reuniram-se na biblioteca num último encontro e foram eles quem transportaram o caixão até o carro, não os trabalhadores da funerária. José Saramago saiu de sua casa levado por braços amigos, homens e mulheres que assumiam o peso que carregavam sobre os ombros como um dever e uma honra. Pouco depois, quando o avião levantava voo, houve leitores que saíram para a rua ou subiram aos seus terraços para ler em voz alta fragmentos dos livros que José Saramago escreveu em Lanzarote. Foi uma iniciativa da Fundação César Manrique, que o autor saísse da ilha recebendo, em voz multiplicada de homens e mulheres, seus conterrâneos, palavras escritas enquanto conviviam. Algumas pessoas puseram cravos vermelhos em suas varandas, para que também o símbolo da Liberdade em Portugal estivesse presente nesse último momento. José Saramago não poderia vê-lo, mas as fotos estão aí, são um testamento de amor.

Instalou-se o silêncio n'*A Casa*. Depois da vertigem de Lisboa, outra normalidade viria ocupar a que estava instalada desde há tantos anos em Lanzarote. Seria necessária muita força para manter as vibrações desse espaço. Os que trabalhavam na casa puseram mãos à obra: as plantas do jardim continuariam a crescer, a casa continuaria a cheirar a café, os cães, quando voltassem da casa de Yolanda, deveriam continuar a hospitalidade de sempre, a mesma paixão e o mesmo amor. Quem disse que José Saramago já não está, se enche o espaço com suas palavras, comentários, com seu modo de pronunciar os nomes, acariciar os cães, sentar-se diante do computador, pôr um disco a tocar, olhar de frente, olhar e ver?

Os amigos e amigas de José Saramago ajudaram. Houve leituras públicas, concertos e brindes. Não se tratava de manter a memória, era, simples e definitivamente, uma forma de se sentirem acompanhados por alguém que iluminava e dava sentido aos dias.

O adeus de Lisboa

O avião que transportava José Saramago chegou a Lisboa às primeiras horas da tarde e seu corpo foi velado no Salão Nobre da Câmara Municipal de Lisboa. O corpo foi recebido no aeroporto com as maiores honras e pelas mais altas autoridades do Estado, deixando clara dessa forma a relação de amor do país com o autor. Pelas ruas de Lisboa havia uma profusão de cartazes, dispostos pela Câmara, com uma foto e uma legenda: "Obrigado, José Saramago". A polícia municipal anunciou que mais de 20 mil pessoas haviam passado pela capela-ardente nas horas em que esteve aberta. Diante do caixão, muitas dessas pessoas benziam-se, outras levantavam o punho, outras simplesmente baixavam a cabeça. Alguém, de repente, levantou um livro e, a partir desse momento, as pessoas que passavam diante do corpo de José Saramago levantavam livros, que tanto poderiam ser seus como de outros autores, a verdade é que saudavam com afeto e consideração pela literatura. No dia seguinte, quando o cortejo fúnebre empreendeu seu último caminho até ao cemitério, onde iria ser cremado, também inumeráveis leitoras e leitores levantaram livros, o cemitério era um mar de livros em que dois títulos se distinguiam, *Levantado do chão* e *Todos os nomes*.

A despedida foi íntima: a família e alguns amigos, apenas para se olharem e saberem que tudo estava bem. Antes, na Câmara Municipal, a vice-presidente do governo da Espanha, María Teresa Fernández de la Vega, trouxe palavras e emoção do país onde José Saramago havia vivido, trabalhado e amado durante anos. Falou ela, falou o primeiro-ministro português, José Sócrates, e em nome da família e da Fundação, o professor Carlos Reis, que pronunciou a oração laica necessária. Instituições, partidos políticos, a cultura estavam no Salão Nobre da Câmara naquela manhã. O ex-presidente Mário Soares, visivelmente afetado, acolhia quem chegava, Dilma Rousseff esteve e abraçou, e o grande amigo Eduardo Lourenço quis que se introduzisse um livro no caixão, próximo do coração de José Saramago. Assim se fez. O livro era *Memorial do convento* e, na dedicatória que lhe fez a modo de carta, deixou: "Agora vais ter tempo de te dares conta da maravilha que escreveste". As últimas palavras foram música: Irene Lima e seu violoncelo manifestaram que o continuar a estar é possível se medeia a sensibilidade.

No último momento de José Saramago, já no cemitério do Alto de São João, falou-se de Jorge Amado e de seu medo de voar. Contou-se que um dia, diante de uma aterrissagem forçada pela falha dos motores do avião, pediu a gritos o jornal do dia porque não queria morrer sem saber o que se passara no mundo. Então, a José Saramago, contou-se-lhe o que se havia passado no mundo, segundo a imprensa: que tinha morrido um homem bom, um grande escritor, um ser solidário. Pouco mais ficava por dizer, essa era a sensação que as pessoas levavam em seu coração quando saíram do Alto de São João.

Uma semana depois, o presidente da Câmara de Lisboa, António Costa, anunciou solenemente na Casa Fernando Pessoa que os restos de José Saramago ficariam na cidade, sob uma oliveira trazida de Azinhaga, sua terra natal, que se plantaria em frente à Casa dos Bicos, edifício destinado a ser sede da Fundação. Quando, um ano mais tarde, se realizou a cerimônia e as cinzas de José Saramago se fundiram com as raízes da oliveira, a terra que as cobriu era de Lanzarote, amorosamente recolhida de debaixo da pedra negra do jardim onde um dia o escritor pensou que seria um bom lugar para ficar. "Não subiu às estrelas se à terra pertencia." O final de *Memorial do convento* é o melhor epitáfio, o escolhido para ser sua companhia. Seu nome, duas datas, 1922-2010, e essa frase é toda a literatura escrita nesse lugar, mas não é toda a literatura: diariamente passam leitoras e leitores que, à sombra da oliveira, juntam a palavra necessária para fazer da mais estrita humildade o lugar mais perfeito do mundo.

A Casa de Lanzarote não pode fechar

E se não se fechasse *A Casa*? E se se deixasse aberta para partilhar com os leitores de José Saramago o que aqui aconteceu ao longo de dezessete anos de vida e 25 livros escritos, entre romances, teatro, diários e contos? E se…? Então, como se da escrita de José Saramago se tratasse, puseram-se em marcha os mecanismos necessários para que não se perdesse o lugar no mundo que é o Lanzarote de José Saramago, pelo contrário, que abrisse asas para acolher e ser um lugar de encontro a meio do mar, entre continentes, culturas e sensibilidades. Não foi um processo fácil. Antes do mais, era preciso ter em conta que o espaço estava habitado por duas famílias, de modo que era necessário o acordo dos cunhados de José Saramago para partilhar o jardim e a entrada d'*A Casa* com os que visitariam o lugar do escritor. Não houve problemas por esse lado, e sim a melhor boa vontade. Em seguida, apresentou-se outra evidência, uma casa não é um museu mas tem de garantir uma série de requisitos técnicos. Foram necessários trabalhos de adaptação, sobretudo no exterior, sempre cuidando de que não se alterasse nenhum detalhe e a casa continuasse a ser o que sempre tinha sido. Havia trâmites burocráticos, teve de constituir-se uma empresa, La Balsa de Piedra, e, sobretudo, era necessário encontrar a equipe capaz de conduzir os visitantes pel'*A Casa*, explicando as características de cada espaço, sem que por isso se perdesse a magia que contém. Havia que fazê-lo e fez-se. Nove meses depois do dia da morte de José Saramago, *A Casa* abria suas portas às visitas públicas com uma cerimônia que teve lugar na biblioteca onde o escritor passou sua última noite na ilha. O presidente da Câmara de Lisboa, António Costa, e a vereadora da Cultura, Catarina Vaz Pinto, viajaram para Lanzarote para estarem aí nesse dia que, sabiam, continha um desafio: demonstrar a José Saramago que o esquecimento não chega aos nove meses como escrevera em *O ano da morte de Ricardo Reis*, que nesse dia 18 de março de 2011 tinham passado nove meses sobre sua morte, e que era recordado e que se continuava a querê-lo e a dele precisar. Luis Pastor cantou na biblioteca "En balsa de piedra Portugal y Espanha…" e a escritora Inês Pedrosa, diretora da Casa Fernando Pessoa, leu uns textos belos. Foi uma cerimônia simples, amigos de ambos os países dando lugar à nova cotidianidade do escritor.

Desde esse dia de 2011, passaram pelo complexo de Tías muitos leitores que somaram suas experiências às que *A Casa* guardava desde que começou a ser habitada em 1993, quando pedreiros e carpinteiros apuravam seus trabalhos, diante do olhar impaciente e bem-humorado do escritor que necessitava espalhar suas ferramentas sobre a mesa que ali mesmo estava sendo construída. Nada se perde, e isso se nota: um grande arquiteto sevilhano que passou pel'*A Casa* no verão de 2021 declarou que era muito difícil que umas paredes dissessem tanto como as desse lugar contam e partilham. Assim se expressam também os que deixam suas notas nos livros que entre todas e todos continua a ser escrito diariamente em Tías. Há manhãs em que se observa certo movimento de luz na rotunda José Saramago: é que nesse momento alguém está continuando a tarefa de escrever para que a literatura e a paixão não acabem e, com elas, a vida. N'*A Casa* continua-se o ofício de contar, de agradecer e de confiar no futuro que se constrói se os seres humanos, homens e mulheres, o fizerem.

Por isso, obrigada a todos e a todas.

Lisboa, 12 de outubro de 2021

Carta universal de deveres e obrigações dos seres humanos

INTRODUÇÃO

A Declaração Universal de Direitos Humanos, adotada em Paris a 10 de dezembro de 1948, procurou enfrentar os grandes males que a humanidade conheceu nas décadas anteriores. Como nunca antes, manifestaram-se e tornaram-se visíveis as possibilidades de destruição dos seres humanos pela mão do Estado e dos seus poderes políticos e jurídicos. A Declaração visou eliminar tais atrocidades reafirmando a dignidade de todas as pessoas a partir do reconhecimento de direitos inatos. Uma generosa lista destes direitos ficou estabelecida na Declaração. Desde então, procurou alcançar-se, com este documento, juntamente com outros instrumentos internacionais, o mesmo objetivo. Todos estes códigos visavam evitar a instrumentalização dos seres humanos e dotá-los de maiores possibilidades para a construção da sua existência. Quiseram garantir o pensar, o criar, o escolher e o ser com direitos particulares suscetíveis de enfrentar as administrações públicas, identificadas então como a causa de grandes males.

O reconhecimento de direitos possibilitou aliviar alguns dos problemas individuais e sociais, mas não foi capaz de resolver muitas outras situações. Com o decorrer dos anos, ficou claro que a mera titularidade de direitos não é suficiente para transformar a realidade cotidiana; que os poderes públicos e privados não vão mudar a sua atuação pelo simples reconhecimento de direitos a pessoas ou grupos. Nós, os titulares de direitos, temos de assumir a nossa situação não como algo que nos é dado de uma vez e para sempre, mas como um atributo que exige exercício e atualização a cada dia. Por paradoxal que pareça, temos de obrigar-nos, a nós mesmos e às nossas comunidades, a exercer os nossos direitos. Temos, também, de reconhecer que a nossa condição de pessoa implica o cumprimento de direitos e de obrigações para conosco, para com a coletividade e as gerações futuras.

Numa fórmula concisa, mas não por isso menor, o artigo 29 da Declaração Universal dos Direitos Humanos impôs-nos deveres para com a nossa comunidade, pressupondo que só assim poderíamos desenvolver livre e plenamente a nossa personalidade. As atrocidades da Segunda Guerra Mundial que acabava de terminar e o reconhecimento das suas barbaridades levaram a centrar a atenção nos direitos, relegando os deveres.

O compromisso com os outros e com a sociedade na qual se vivia foi adiado na procura da afirmação individual. Nada houve a condenar em momentos tão dolorosos. Contudo, com o passar dos anos, demonstrou-se a necessidade de que as pessoas como indivíduos e como parte de um grupo lutem pela afirmação dos seus direitos e da sua condição social. Ficou igualmente clara a urgência de aceitar plenamente a observância daquilo que é sua condição prévia: o cumprimento dos deveres e obrigações que correspondem jurídica e moralmente a cada qual.

Durante as últimas décadas, assistimos efetivamente a uma tomada de consciência: os direitos são uma ferramenta indispensável para a construção da individualidade, mas isso exige a construção do social, do todo ao qual pertencemos. Para alcançar um desenvolvimento pleno e autêntico, e realizar totalmente o processo de humanização, precisamos de pensar e pensar-nos como partes desse todo e compreender a coisa pública como o habitat social que nos oferece possibilidades, sendo a nossa contribuição uma fonte de sentido. Nós, enquanto indivíduos ou enquanto parte dos grupos aos quais escolhemos incorporar-nos, precisamos de entender que, a par da exigência do cumprimento dos nossos direitos, temos deveres e obrigações a cumprir, tais como exigir dos nossos Estados o respeito e a garantia destes mesmos direitos, porque o Estado jamais fica eximido da sua responsabilidade de garante.

A tomada de consciência referida refletiu-se em distintas iniciativas tendentes a explicitar os deveres das pessoas tanto no plano nacional como internacional. A primeira de todas, de corte estritamente regional, foi a inclusão na "Declaração dos Direitos e Deveres do Homem", de 1948, de um segundo capítulo, destinado aos Deveres. Os Estados americanos reunidos na ix Conferência Internacional Americana observaram que enquanto os direitos ressaltam a liberdade, os deveres expressam a dignidade com a qual se exerce a liberdade. Em 1988, um grupo de personalidades notáveis formulou a "Declaração de Responsabilidades e Deveres Humanos", que teve como propósito, nas suas próprias palavras, realçar:

> que a vinculação às obrigações e responsabilidades implícitas aos direitos humanos e liberdades fundamentais recai em todos os membros da comunidade mundial, incluindo os Estados, as organizações internacionais, regionais e sub-regionais, assim como as intergovernamentais, os setores privado e público, as organizações não governamentais, as associações de cidadãos, outros represen-

tantes da sociedade civil e todos os membros individuais da família humana.

Em 1999, a Assembleia Geral das Nações Unidas aprovou a "Declaração sobre o Direito e a Responsabilidade dos Indivíduos, Grupos ou Órgãos da Sociedade de Promover e Proteger os Direitos Humanos e Liberdades Fundamentais Universalmente Reconhecidos", em cujo artigo 18 se reiterou a importância de que cada um assuma os seus deveres e obrigações como eixo de transformação individual e coletiva. Em fevereiro de 2002, a própria Assembleia Geral emitiu uma nova resolução exortando os Estados-membros a fazer cumprir estes direitos, deveres e obrigações.

Consequentemente, foram levados a cabo diversos esforços nacionais de inclusão de um maior número de obrigações e responsabilidades cidadãs nos respectivos textos constitucionais.

Em 2016, a Universidade Nacional Autônoma do México, a Fundação José Saramago e a World Future Society (capítulo mexicano) recolheram esses esforços anteriores com o objetivo de darem um novo alento ao estabelecimento de deveres, obrigações e responsabilidades dos seres humanos e grupos sociais. Como conclusão dos diversos encontros realizados, destacou-se que:

A proliferação do reconhecimento de direitos provocou uma compreensão enganosa. Muitas pessoas assumem que os direitos não têm a sua correspondência em obrigações. É como se se pensasse que um indivíduo assumiu todos os direitos para o seu crescimento e a realização das suas satisfações, sem que isso implicasse o assumir de qualquer responsabilidade para consigo mesmo, os seus semelhantes, o entorno que o rodeia ou o Estado. É necessário pensar o mundo dos direitos em termos de corresponsabilidade.

Até ao momento presente e graças aos esforços da Unesco, da

Assembleia Geral das Nações Unidas ou de Constituições nacionais, criaram-se novas possibilidades e desafios. Por um lado, a expectativa de vida da população aumentou consideravelmente; as redes sociodigitais abriram possibilidades libertadoras de comunicação e intercâmbio de informação; os processos democráticos formais aumentaram; o direito internacional com as suas possibilidades de supervisão estendeu-se em alguns espaços; deu-se um assumir de responsabilidades por certos setores; foram reconhecidas e estão a transformar a nossa convivência tanto a centralidade da igualdade de gênero como certas diversidades.

Apesar de tudo, hoje o meio ambiente encontra-se mais ameaçado e deteriorado; o avanço dos processos democráticos é posto em causa por aqueles que pensam que estes nem sempre levam à eleição das melhores pessoas para o desempenho dos cargos públicos; o direito tem características que o fazem parte do próprio processo de dominação; o trabalho e as suas condições de realização degradaram-se e são alienantes para muitos; as corporações contam com espaços mais amplos para a instrumentalização de indivíduos e governos, oferecendo-lhes a globalização novas formas de fuga aos seus deveres e responsabilidades; as ameaças nucleares reapareceram com particular virulência; para muitos, as ideologias políticas não oferecem respostas adequadas; as pessoas estão mais isoladas e veem-se vulneráveis por uma quantidade alarmante de causas; as desigualdades crescem e institucionalizam-se.

O panorama vigente e previsível obriga a que nos perguntemos pelas possibilidades de libertação e emancipação e, mais concretamente, impele-nos a questionar se tudo passará pela exigência de novos e mais amplos direitos ou, melhor ainda, se esta exigência deve vir acompanhada da total vinculação a um conjunto básico de deveres e obrigações com diferentes graus de responsabilidade. Para além disso, não deve ficar esquecida a tendência da sociedade para construir relações na web, sem conhecer o rosto do outro, a viver numa "modernidade líquida" ou em espaços públicos que apelam mais às emoções que aos fatos ou ao sentido de responsabilidade coletiva, o que exige uma construção ética a incidir tanto no exercício dos direitos como dos deveres. As relações pessoais e as relações com a natureza deveriam estar regidas por esta forma de viver os nossos direitos.

Retomando as visões e os esforços de muitas e valiosas pessoas, a presente proposta pretende contribuir para a tomada de posição de indivíduos e grupos face à realidade presente e àquela que haveremos de deixar às gerações futuras. Pretende identificar as obrigações que devemos cumprir no que nos diz respeito, no que respeita aos nossos semelhantes, à sociedade e ao meio ambiente em que vivemos, de novo e sempre pensando nas gerações futuras. A proposta pretende deixar claro o que muitas vezes se toma como certo ou simplesmente se ignora, apesar de ser condição indispensável para a realização da individualidade e da vida em comunidade. Assenta na premissa de que a reiterada vinculação e exigência de direitos, sendo condição necessária para o desenvolvimento humano, não é suficiente para alcançar os ambiciosos horizontes que, enquanto espécie, temos de alcançar, nem para garantir a sustentabilidade das instituições democráticas ou do estado de direito.

Antes de mais nada, a nossa proposta compreende e assume as obrigações do Estado para o cumprimento dos direitos reconhecidos a todas as pessoas em nível nacional e internacional. Falar de deveres e obrigações de indivíduos ou grupos não significa, de forma alguma, a desresponsabilização daquilo que é ainda a forma mais relevante de organização política e social nos nossos dias. Muito pelo contrário. Pela posição que detém, o Estado deve ser o sujeito central da realização de direitos e, consequentemente, de cumprimento das obrigações correspondentes. Pensar no Estado, dentro deste contexto, significa saber que quem atua em seu nome são pessoas físicas, reconhecidas como funcionários públicos e, como tal, que é na sua atuação que se exige, com maior ênfase, o exercício responsável de deveres: se o Estado é, por antonomásia, o espaço do que é público, os seus funcionários são os agentes adequados para facilitar construções éticas em ações coletivas. Como dispõe o artigo 2.1 da citada "Declaração sobre o Direito e a Responsabilidade dos Indivíduos, Grupos ou Órgãos da Sociedade de Promover e Proteger os Direitos Humanos e Liberdades Fundamentais Universalmente Reconhecidos", de 1999:

Cada Estado tem a responsabilidade e o dever primordiais de proteger, promover e tornar efetivos todos os direitos humanos e liberdades fundamentais, nomeadamente através da adoção das medidas necessárias à criação das devidas condições nas áreas social, econômica, política e outras, bem como das garantias jurídicas que se impõem para assegurar que todas as pessoas sob a sua jurisdição, individualmente e em associação com outras, possam gozar na prática esses direitos e liberdades.

Sem deixar de reconhecer e exigir o cumprimento estrito do que se determinou como próprio do Estado, é essencial reconhecer que alguns dos deveres jurídicos e obrigações éticas indispensáveis para a cultura do bem comum transcendem tal entidade política, já que sem uma cidadania ativa e plenamente consciente da sua posição no mundo será difícil levar a cabo qualquer processo de transformação. Reconhece-se igualmente que os diferentes grupos e coletivos, e não apenas os indivíduos isoladamente, podem ter, pelo poder que detêm ou pela função social que cumprem, graus de responsabilidade diversos. Com base nestas premissas, perguntamo-nos:

A que estamos obrigados para conosco mesmos e para com

aqueles que nos sobreviverão, os sujeitos e as organizações do nosso tempo? Além de afirmar os seus inegáveis direitos, o que devem fazer os grupos econômico-empresariais, as associações civis, as comunidades religiosas, os meios de comunicação, os partidos políticos ou os indivíduos concretos que habitam a Terra? Para lá de desesperanças e possibilidades individuais de realização, a que deveríamos, cada um de nós, estar obrigados, em função das nossas circunstâncias, capacidades e possibilidades, para conosco, os outros, a nossa comunidade, o nosso sistema de governo ou o espaço em que habitamos? O fato de uma ou muitas pessoas o saberem não é suficiente para encetar ações na direção correta. É necessário dizê-lo, afirmá-lo, comprometermo-nos, para que as coisas comecem a caminhar nessa direção. Tal como há anos se vem apregoando a necessidade de que cada um se reconheça como sujeito pleno de direitos e seja capaz de compreendê-los e exercê--los, também é necessário que, através de um exercício de educação cívica, se discutam os deveres e as obrigações que tais titularidades implicam.

Este é, finalmente, o objeto desta proposta: ajudar-nos a tomar consciência de que a nossa condição humana passa, desde logo, pela plena titularidade dos direitos que admitimos como inatos a todos os seres humanos, mas também pela aceitação de deveres, obrigações e responsabilidades para conosco e para com os outros. Como expressado por José Saramago em um dos discursos que pronunciou por ocasião da entrega do prêmio Nobel de literatura em 1998, fazendo referência ao 50º aniversário da Declaração Universal dos Direitos Humanos:

> Foi-nos proposta uma Declaração Universal de Direitos Humanos, e com isso julgamos ter tudo, sem repararmos que nenhuns direitos poderão subsistir sem a simetria dos deveres que lhes correspon-

dem, o primeiro dos quais será exigir que esses direitos sejam não só reconhecidos, mas também respeitados e satisfeitos. Não é de esperar que os governos façam nos próximos cinquenta anos o que não fizeram nestes que comemoramos. Tomemos então, nós, cidadãos comuns, a palavra e a iniciativa. Com a mesma veemência e a mesma força com que reivindicarmos os nossos direitos, reivindiquemos também o dever dos nossos deveres. Talvez o mundo possa começar a tornar-se um pouco melhor.

PREÂMBULO

Considerando que os direitos humanos são a maior conquista jurídica e social do nosso tempo para garantia da dignidade de todas as pessoas sem distinção alguma de condições individuais, sociais ou culturais,

Considerando a necessidade de reconhecer a emergência de novos direitos, assim como de fazer uma leitura atualizada, intergeracional, relacional e solidária dos mesmos dando devida ênfase à sua função social,

Reiterando que os principais garantes do cumprimento dos direitos humanos são os Estados nacionais e os organismos internacionais e regionais, e recordando a progressividade para o cumprimentos de alguns destes direitos, levando em conta as condições e níveis de desenvolvimento das nações,

Sublinhando a importância de que todos os indivíduos e organizações cumpram igualmente tais direitos,

Atendendo às crescentes desigualdades e violações de direitos humanos e às dificuldades em realizar os objetivos desenhados para alcançar o desenvolvimento harmonioso da humanidade na sua globalidade,

Entendendo que a Declaração Universal dos Direitos Humanos afirma no seu artigo 29 que todas as pessoas devem assumir os seus deveres jurídicos com respeito às suas comunidades,

Aceitando que as possibilidades de alcançar o desenvolvimento pleno das pessoas não se esgotam no cumprimento dos deveres jurídicos, sendo as obrigações éticas igualmente indispensáveis para a sustentabilidade das instituições democráticas e do estado de direito,

Admitindo a necessidade de que a totalidade dos indivíduos e das organizações sociais em que estes escolhem participar cumpram os seus deveres jurídicos e obrigações éticas, sem que em nenhum momento o seu incumprimento possa servir de pretexto para que o Estado se exima das suas próprias obrigações,

Reconhecendo que, pelo seu poder, capacidade ou função social, as pessoas e os diversos atores sociais possam ter graus diferentes de responsabilidade na sua contribuição para com as condições de garantia do desfrute de direitos por parte de todos.

DECLARAMOS

um

Todas as pessoas têm o dever de cumprir e exigir o cumprimento dos direitos reconhecidos na Declaração Universal dos Direitos Humanos e nos restantes instrumentos nacionais e internacionais assim como das obrigações necessárias à sua efetiva realização.

dois

Todas as pessoas têm o dever e a obrigação de um exercício solidário e não abusivo dos direitos e de desfrutar responsavelmente dos bens e serviços.

três

Todas as pessoas, e especialmente as organizações sociais, econômicas e culturais, têm o dever e a obrigação de não discriminar e
de exigir o combate à discriminação por motivo de raça, cor, sexo,
idade, gênero, identidade, orientação sexual, língua, religião, opinião política, ideologia, origem nacional, étnica ou social, defi-
ciência, propriedade, nascimento ou qualquer outro motivo.

quatro

1. Todas as pessoas têm a obrigação e o dever de respeitar e exigir
o respeito pela vida e a integridade física, psíquica e moral de todos os seres humanos.

2. Todas as pessoas, organizações econômico-empresariais e organizações sociais e culturais têm o dever, a obrigação e a responsabilidade de não participar nem aceitar práticas de desaparecimento
forçado, escravidão, tráfico de crianças e adultos, tortura, práticas
inumanas, cruéis e degradantes, violência de gênero, exploração
infantil e trabalho forçado.

cinco

1. Todas as pessoas, organizações econômico-empresariais, organizações sociais e culturais, entidades religiosas e centros educativos têm o dever e a obrigação de respeitar e exigir o respeito
pela identidade, autonomia e identidade sexual das pessoas, menores ou adultos.

2. Todas as pessoas têm o dever e a obrigação de não participar
nem aceitar práticas de abuso e violência sexual, escravidão sexual,
tráfico de pessoas para fins de prostituição ou exploração porno-
gráfica.

seis

1. Todas as pessoas têm o dever e a obrigação de respeitar e exigir o respeito pela autonomia corporal e a vida privada e familiar das pessoas.

2. Todas as pessoas e entidades religiosas têm o dever e a obrigação de respeitar as diferentes formas de relação que cada qual escolhe livremente.

sete

1. Todas as pessoas, organizações sociais, econômicas e culturais e, em especial, as autoridades eclesiásticas e religiosas, os meios de comunicação, centros educativos, organizações econômico--empresariais e patronais têm o dever e a obrigação de respeitar e exigir o respeito pela liberdade ideológica e religiosa das pessoas e de não incitar ao ódio nem à discriminação.

2. Todos os praticantes, crentes e seguidores de qualquer ideologia ou religião, em suas práticas ou manifestações, têm o dever e a obrigação de respeitar os direitos humanos e as liberdades fundamentais.

oito

1. Todas as pessoas e organizações, especialmente os meios de comunicação, têm o dever e a obrigação de respeitar e exigir o respeito pela liberdade de expressão e informação e de contribuir para o seu acesso por todos os grupos e coletivos com total respeito pela pluralidade.

2. Todas as pessoas têm, na medida das suas condições e possibilidades, o dever e a obrigação de se manterem informadas e de participarem responsavelmente nos assuntos públicos.

3. Todas as pessoas e os meios de comunicação, incluindo os usuários das redes sociais, têm o dever e a obrigação de velar pela veracidade da informação transmitida, pela salvaguarda da intimidade e respeitabilidade das pessoas, assim como pela utilização responsável do ciberespaço.

4. Todas as pessoas e os meios de comunicação, incluindo os usuários das redes sociais, têm o dever e a obrigação de não incitar à violência ou à discriminação.

nove

1. Todas as pessoas têm o dever e a obrigação de, dentro das suas condições e possibilidades, participar responsavelmente nos assuntos públicos e na tomada de decisões coletivas.

2. Todas as pessoas, em particular as organizações econômico-empresariais, os partidos políticos e demais organizações sociais, econômicas e culturais, têm o dever e a obrigação de respeitar e exigir o respeito pelas regras de financiamento das campanhas eleitorais e dos partidos políticos.

3. Todos os partidos e organizações políticas têm o dever e a obrigação de contribuir para a articulação democrática da sociedade, a representatividade política, com especial atenção ao objetivo da igualdade de gênero.

dez

1. Todas as pessoas têm o dever e a obrigação de exigir o acesso à educação sem impedimento por condições econômicas e a responsabilidade da sua instrução, aproveitando devidamente os recursos educativos.

2. Os pais, tutores e centros educativos têm o dever e a obrigação de educar sem discriminação de nenhum tipo.

3. As instituições acadêmicas, educativas e os docentes têm o dever e a obrigação de promover e reforçar a consciência dos direitos humanos, da democracia, da paz, da diversidade, da igualdade de gênero e o respeito pelo ambiente e as distintas formas de diversidade.

onze

1. Todas as pessoas têm o dever e a obrigação de respeitar e exigir o respeito pela cultura e línguas próprias ou alheias, assim como pela memória coletiva dos povos e seu patrimônio cultural material e imaterial e de transmitir esse patrimônio comum às gerações futuras.

2. As organizações econômico-empresariais têm o dever e a obrigação de respeitar os recursos naturais dos quais dependem as práticas culturais dos povos indígenas e outras comunidades autóctones.

3. Todas as pessoas têm o dever e a obrigação de proteger a biodiversidade e de respeitar e fomentar a multiculturalidade.

doze

1. Todas as pessoas têm o dever e a obrigação de respeitar a criação cultural e as produções científicas, literárias ou artísticas e de velar pelo respeito dos direitos morais e materiais de autoria e criação.

2. Os investigadores, cientistas, centros de investigação, as empresas e demais organizações sociais, econômicas e culturais têm o dever e a obrigação de promover o conhecimento, o desenvolvimento e a inovação científica e tecnológica responsável em benefício da humanidade, e de proceder em conformidade com as melhores práticas éticas.

treze

1. Todas as pessoas temos o dever e a obrigação de cuidar da nossa saúde, assim como de fazer uma utilização racional e responsável dos serviços de saúde.

2. Todas as empresas e empregadores têm o dever e a obrigação de velar por condições de salubridade no trabalho.

3. Todas as pessoas têm o dever de exigir prestações de saúde de caráter gratuito e universal, assim como a regulação adequada do preço dos medicamentos.

4. Todas as empresas farmacêuticas e médicas têm o dever e a obrigação de partilhar o conhecimento científico e técnico e de fixar o preço dos medicamentos de forma a não impedir o acesso a condições básicas de saúde pela população.

5. Todas as pessoas, organizações econômico-empresariais e organizações sociais e culturais têm o dever e a obrigação de distribuir equitativamente os alimentos e de evitar o desperdício com vista à erradicação da fome.

catorze

1. Todas as pessoas e empresas, independentemente da localização da sede da sua atividade, têm o dever e a obrigação de promover e exigir condições dignas e seguras de trabalho, com uma remuneração justa, não discriminatória e com total respeito pela proibição do trabalho infantil.

2. Os empregadores têm o dever e a obrigação de garantir a igualdade de oportunidades e a não discriminação no trabalho, de respeitar o direito dos trabalhadores à organização coletiva e à liberdade de formar sindicatos, de promover o pleno emprego e o acesso dos jovens ao trabalho e de tomar as medidas necessárias para acomodar pessoas com deficiências e necessidades especiais.

3. Os empregadores têm o dever e a obrigação de contribuir para o sistema de segurança social.

4. Os empresários têm o dever e a obrigação de respeitar e promover o cumprimento dos direitos humanos dentro das suas esferas de influência e, em especial, de abster-se de qualquer forma de exploração humana.

5. Todas as pessoas têm o dever de desempenhar o seu trabalho e profissão com respeito pelos respectivos códigos deontológicos.

quinze

1. Todas as pessoas têm o dever e a obrigação de respeitar o direito à propriedade individual e coletiva.

2. Todas as pessoas têm o dever e a obrigação de aceitar os limites impostos pela função social da propriedade.

dezesseis

1. Todas as pessoas têm o dever e a obrigação de respeitar a liberdade de movimento e de exigir que se vele pelos direitos dos migrantes, solicitantes de asilo e refúgio.

2. Todas as pessoas têm o dever e a obrigação de hospitalidade para com migrantes, refugiados e asilados, assim como de exigir o contributo para o desenvolvimento e a paz dos países de origem ou proveniência.

dezessete

Todas as pessoas e organizações econômico-empresariais têm o dever e a obrigação de conservar e exigir a proteção do ambiente e da biodiversidade para o desfrute das gerações presentes e futuras, fazendo uma utilização racional e eficiente das energias e dos recursos naturais e garantindo o desenvolvimento sustentável.

dezoito

Todas as pessoas têm o dever e a obrigação de respeitar e exigir o respeito pelo habitat, formas e condições de vida dos animais não humanos, assim como de abster-se de qualquer forma de crueldade na produção de alimentos.

dezenove

Reconhecendo a interdependência humana, todos, sem distinção de sexo, todas as pessoas têm o dever e a obrigação de contribuir para o cuidado de pessoas em situação de dependência ou vulnerabilidade, assim como a obrigação de exigir prestações públicas que contribuam para o desenvolvimento da espécie humana.

vinte

1. Todas as pessoas, organizações econômico-empresariais e organizações sociais e culturais têm a obrigação de contribuir para a manutenção do gasto público e a redução da desigualdade de forma proporcional, progressiva e suficiente para garantir a satisfação dos direitos, sobretudo dos direitos sociais, culturais, econômicos e ambientais.

2. Todas as pessoas, organizações econômico-empresariais e organizações de todo o tipo têm a obrigação e o dever de exigir às autoridades que lutem contra a evasão fiscal.

vinte e um

1. Todas as pessoas têm o dever e a obrigação de velar pelo cumprimento das normas da ordem jurídica nacional e internacional e de acatar a autoridade legítima.

2. Todas as pessoas têm o dever e a obrigação de exigir e contribuir para a boa governança, para o fim da corrupção e da impunidade.

3. Todas as pessoas e organizações econômico-empresariais têm o dever e a obrigação de colaborar com a administração da justiça e a persecução da criminalidade nacional e internacional.

vinte e dois

Todas as pessoas e organizações, em particular as empresas de produção e comércio de armas e munições, têm o dever e a obrigação de contribuir para a resolução pacífica de conflitos e para a paz.

vinte e três

Todas as pessoas têm o dever e a obrigação de contribuir para a defesa dos interesses fundamentais da comunidade e de não permitir o recrutamento e a participação de menores.

31 de julho de 2017

ESTA OBRA FOI COMPOSTA EM MINION PELO ESTÚDIO O.L.M. / FLAVIO PERALTA
E IMPRESSA EM OFSETE PELA GRÁFICA SANTA MARTA SOBRE PAPEL PÓLEN SOFT
DA SUZANO S.A. PARA A EDITORA SCHWARCZ EM AGOSTO DE 2022,
ANO DO CENTENÁRIO DO ESCRITOR JOSÉ SARAMAGO.